크리스마스처럼

크리스마스처럼

1쇄 인쇄일	2025년 10월 27일
1쇄 발행일	2025년 11월 10일
2쇄 발행일	2025년 12월 3일
3쇄 발행일	2025년 12월 13일

지은이	박지이
펴낸이	문희정
펴낸곳	문화다방
교정	이경희
표지 일러스트	엘
디자인	달밤고래
출판등록	제572-251-2013-00002호
전자우편	moonzakka@naver.com

ISBN   979-11-989473-2-1 03800

이 책의 저작권은 지은이와 문화다방에 있습니다.
이 책은 저작권법에 따라 보호받는 저작물이므로 무단 전재와 무단 복제를 금지합니다.

크리스마스처럼

박지이 산문

comme à Noël

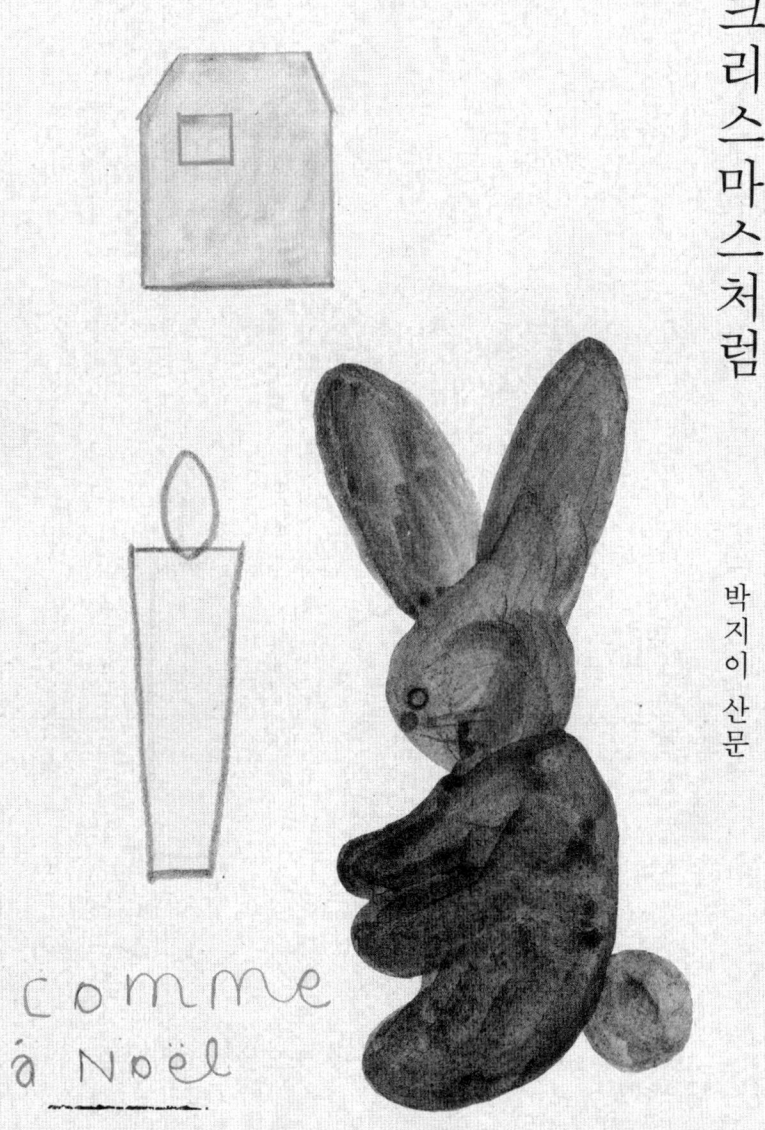

文畵茶坊

: **초대의 말**

창문 하나 딸린 조붓한 방에 웅크리고 앉아
하필이면 겁도 많아 바늘 끝을 무서워하는데
조각천을 이마만큼 가져다 놓고 바느질을 하고 있어요.
손이 느려 구겨진 시간을 다리는 데도 한참 걸리는가 싶더니
딸기처럼 무른 입꼬리를 가진 탓에
그걸 누비는 데는 더 많은 날을 허비합니다.
얼룩덜룩한 자국을 자랑하는 데 실패하고 말아요.
안타깝고 기쁘게도 이 복잡한 슬픔에서는 갓 지은 밥 냄새가 나거든요.

겨울
박지이

: 차례

	초대의 말	5
12월	Merry Christmas 보고 싶다 할머니	9
1월	당신의 쉼을 지지하는 쪽으로	23
2월	태어난 달을 편애하기란 얼마나 쉬운가	45
3월	각박한 기쁨의 세월을 건디며	65
4월	시름없는 입꼬리가 좋겠네	83
5월	유정한 영혼을 엄마로 두어	99
6월	행복한 사람을 보는 게 신나	115
7월	그 수박을 사버리자	135
8월	기다리는 동안에는 외롭지 않으니까	159
9월	손 많이 가는 반려 고양이	179
10월	내 운명은 내 엉덩이만큼이나 무겁지	197
11월	'그래도'로 시작하는 몇 개의 문장	221
	작가의 말	236
	편집자의 말	239

12월

Merry Christmas
보고 싶다 할머니

손바닥을 활짝 펴고 안녕, 안녕 인사를 건네는 것 같아. 차창 밖 나무들의 손금을 두 눈에 차곡차곡 쌓는다. 습습한 겨울 풍경이 홀가분하면서도 아늑해, 그루잠을 잔 탓에 눈은 때꾼한데 남편과 오랜만의 외출이라 그런지 콧노래가 멈추질 않는다. 이른 아침부터 체크 코트를 입을까 아니면 회색 그도 아니면 푸른색이 나을까 거울 앞을 서성이며 부산을 떨었다.

 삭풍에 온몸을 꼬집히는 이 계절에는 한 가지만 고민하고 싶다. 어떤 빛깔의 코트를 걸치고 나설 것인지 그도 아니면 차를 홀짝거리거나 귤껍질을 벗기며 무슨 책을 읽을 것인가에 대한.
 만듦새 단단한 코트를 좋아한다. 아니 지긋지긋하게 사랑한다. 아무리 디자인이 취향이어도 색이 충충하면 고민된다. 무채색으로 가득한 세상에서 서너 달을 견뎌야 하니 이왕이면 밝은 색, 체형상 어깨가 부각되지 않은 원 버튼의 롱 코트를 선호한다.
 코트는 핏 못지않게 칼라의 생김도 중요한데 유치하거나 옹졸해 보여서는 안 된다. 지난겨울 아뜰리에 드 쎄모먼(atelier

de cemoment)에서 구입한 캐시미어 캐멀 코트는 정말이지 환상적이다. 마음에 드는 코트 하나면 겨울 분장 끝, 일주일 내내 입은 적도 있다. 닳을까 너무 아끼느라 입지 않는 코트 같은 건 없다. 그건 다른 기물도 마찬가지다.

 겨울은 길고 그러니 입는 즐거움을 잃으면 신나게 걸을 수 없다고. 단언컨대 독백도 콧노래도 어엿한 외투와 함께라면 더욱 완벽해진다고. 그 코트는 틀림없이 용기를 준다고. 나는 지금 두 배 진지한 얼굴로 이 글을 적고 있다.

어떤 슬픔은 작아지거나 커질 뿐 완전히 사라지지 않는다. 기꺼이 흔적을 새기고 무늬를 만드는 일에 자신 있지. 영영 엉엉, 젖은 영원으로 애도는 숨 사이사이마다 이어질 것이다.

 창문이 들썩거릴 정도로 바람이 요란해, 금방이라도 비를 뿌릴 것 같은 고함에 겨울의 인사가 반갑다. 겨울 다음이 봄이라는 것을 어렴풋이 알게 된 후부터 나는 이 계절을 조금 사소한 눈으로 바라보기 시작했어요.

 달도 잠든 까만 밤, 당신 손금에 내 손금을 덧대고 누워 시간의 틈으로 빠져나간 사람들을 떠올린다. 거북처럼 끔벅끔벅 몰래 뒤척일 적이면 당신은 손바닥에 하트를 그려 주거나 '지이'라고 써 주었지. 그러면 더 울려던 마음을 깜박 잊고 잠이 들었다.

 겨우 꿈에서나 만나지는 사랑들, 우리는 지금 다른 방식으로 존재할 뿐 나는 그대들을 느낄 수 있어요. 12월은 애도하기 좋은 달. 느린 노래를 흥얼거려요. 이 비가 개면 무지개가 뜨겠지요. 얼굴에 햇살이 쏟아지면 눈을 감아요.

햇님만 얌전히 솟아올랐다. 이마에 닿는 미지근한 바람이 새삼스럽게 느껴지는 아침, 까치 한 마리가 휙 가붓하게 장미 덩굴 품으로 몸을 떨어뜨린다. 이토록 반가운 변심이라니, 사정없이 몰아치는 눈보라에 산책 미루기를 며칠째다. 그래 이런 겨울도 있어야지. 오늘은 온도가 많이 오를 거라는 남편의 말이 듣기 좋았다.

 작은 대나무숲의 연둣빛 물결, 목련나무와 산딸나무에 소담히 핀 눈꽃을 보며 부러 여미지 않고 걷는다. 시댁인데 제가 대신 가져가도 될까요? 매년 이맘때면 아파트 관리사무소에서 종량제 봉투를 나눠 준다. 멋대로 20리터 봉투를 받아 들고 살금살금 쇠눈 길 걸어 뒷동 어머니 댁으로 향한다. 딩동! 배달 왔습니다. 가끔 능청도 떤다. 부끄러운 줄 모르고 코트 속 파자마를 훌렁 내보이는 며느리를 미워하지 말아 주세요. 얘, 어쩐 일이니. 순식간에 공기가 마젠타색으로 물든다. 세상의 모든 잣대로부터 자유로운 여인, 나의 친애하고 튼튼한 타인, 당신의 에너지는 주머니 속 캐러멜처럼 요긴하다. 태평한 웃음에 여전히 기운 날 때 많다.

12월 Merry Christmas 보고 싶다 할머니

막 결혼 생활을 시작했을 무렵 별스럽지 않은 일로 남편과 말다툼이라도 하게 되면 내일 아침 어머니한테 다 이를 거야. 그때는 보령에서 홍성까지 기차를 타고 출퇴근을 했는데 오빠가 이랬어요, 저랬어요 하소연을 하다가 기차를 놓칠 뻔한 적도 있었다. 늘 너희를 위해 기도한다, 덜컹거리는 기차 안에서 어머니의 메시지를 읽을 때면 일렁이는 마음이 잠잠해졌다. 그제야 창밖 풍경이 눈에 들어오고 졸음이 몰려왔다.

상황이나 감정을 과장해서 말씀하시는 법이 없다. 얘, 그거 흘러가는 잔물결일 수도 있어, 지금도 인생의 크고 작은 파도 앞에서 두려울 때면 시어머니를 떠올린다.

오늘도 건강히 보내자, 좋은 날 되자. 이 어른의 동그랗고 맑은 기운이 빼곡하게 밀려와, 그러면 기운이 나, 주어진 하루도 그럭저럭 잘 살아지겠구나 좋은 예감이 든다.

달콤한 겨울 무가 들어간 된장찌개의 맛을, 빠끔 열어 놓은 문 틈새로 들어오는 사늘한 겨울 공기를 마시며 구겨진 이불을 정리하는 아침은 또 어떻고. 주방에 서서 흙 묻은 고구마를 씻고 냄비 물 끓어오르는 순간을 기다리며 주방과 거실을 맨발바닥으로 어슬렁거릴 때, 작은 초 곁에서 갓 또렷해진 정신으로 책의 어느 행간에 진득이 머물거나 은은한 조명 사이 바스라진 슈톨렌 조각을 들어 올리는 그 모든 순간순간마다 헤죽거린다.

 어제는 남편 팔짱 끼고 빙판길을 걷다가 느닷없이 악 소리 지르곤 깔깔깔 웃었다. 살아 있어 즐겁구나. 도대체 겸손해지지 않는 마음이라니, 앓고 난 직후라 더 그렇겠지. 상점 앞 식당에서 점심을 먹는데 밑반찬으로 나온 건새우 무조림이 어찌나 구수한지 입맛이 돌아왔다며 오랜만에 밥 한 공기를 거진 비울 때는 이 모든 게 아주 오랜만인 것처럼 느껴졌다.

 타월상점에 나와 손님을 응대하고, 조용한 의자에 앉아 간식으로 챙겨온 고구마 껍질을 벗기며 유리창 너머 겨울 하늘을 올려다본다. 아프면 모든 게 성가시고 시간을 허투루 보내는 것 같아 울울해져, 콧물은 아직이지만 살 만하다.

내년 달력을 고르고 드로잉북과 스케줄러, 레몬 머틀티와 초코 사블레, 종아리까지 올라오는 소의 가죽으로 만든 검은색 부츠와 이불 속에서 뒤적거릴 소설도 몇 권 구입했다. 기물과 음식, 공간을 잔잔하게 소비하며 튼튼한 회복의 기분으로 향한다. 물음표와 느낌표가 범람하는 세상으로 돌아간다.

대단히 잘못한 것 같은 이 기분은 뭘까. 할아버지 유품 정리를 위해 서쪽 시골집에 다녀온 엄마는 냉장실 맨 아래 칸에서 세 개의 유리병 가득 곯아 버린 마늘을 발견하곤 차마 버릴 수 없어 한 톨 한 톨 칼로 도려내 가져왔다고 했다.

 너 주려고 그랬던 것 같아. 맞아 엄마, 나는 언젠가 할아버지에게 검은콩이랑 마늘, 호박 같은 걸 곧 가지러 오겠다고 지키지도 못할 약속을 했어.

 또 와, 이이. 가. 가. 응, 응. 그날 노인은 고장 난 강아지 인형처럼 연신 고개를 흔들며 버스 정류장까지 나를 배웅했다. 그것이 나를 기억하는 할아버지의 마지막 모습. 얼마 후 사고 소식을 듣고 병원에 갔을 때 당신은 섬망으로 손녀딸을 못 알아보았다.

 가. 가. 가. 지금도 그 애절한 목소리가 귓가에 맺히면 그때 할아버지는 울고 있었던 게 아닐까. 단 한 번 시간을 돌릴 수만 있다면 그 가을 그 오후 그 버스 정류장으로 가겠다. 할아버지 나 또 와. 그러니까 너무 밖에 오래 앉아 있지 마. 매일매일은 기다리지 마. 그러고는 당신을 꼭 안아 주어야지.

12월 Merry Christmas 보고 싶다 할머니

텔레비전 불빛에 기대 흙 묻은 도라지 같은 손으로 마늘 껍질을 벗겨 냈을 물기 없는 등허리를 상상한다. 보고 싶은데 오질 않아. 마늘 가지러 온다고 했으니까 오겠지. 커다란 유리병 한가득 마늘을 채우다 못해 다 썩어 곰팡이가 내려앉을 때까지 애 터지게 그리운 손녀딸은 소식이 없어. 왜 오지 않니, 말 한마디 부담될까 하지 못하고 해 질 녘 대문 밖을 서성이며 무연히 하늘만 보았을 노인이 심장 복판에 산다.

제발 요양병원에 가자. 할아버지가 병원에 있으면 할머니 때처럼 자주 갈 수 있다니까. 나 운전도 할 수 있어요. 할배 좋아하는 짜장면도 자주 사 줄게. 퇴근길 굴다리를 지나며 통화할 때마다 목구멍이 마르도록 했던 말. 가자고, 부탁이라고. 그러면 저이는 싫다, 좋다 대답은 않고 허허허 웃기만 해. 걸핏하면 술에 취해 패악을 일삼는 자식보다 오래 산 터전을 떠나는 것이 더 두려웠을까. 삼십 년 전이나 지금이나 여전히 위험천만한 그곳에 장작개비 같은 당신을 방치하고 나는 갈 수 없다며 악은 왜 썼나. 죄책감과 부끄러움, 그리움과 슬픔을 감당할 자신이 없어서 한동안 그 장면에서 발이 터지도록 달려 멀리, 아주 멀리 달음질쳤다.

할아버지가 나비 되고 얼마 있다가 가을에서 겨울로 계절이 바뀔 즈음 꿈을 꾸었다. 노인은 말없이 다가와 입고 있던 외투를 벗어 내 어깨에 걸쳐 주고는 고개를 끄덕였는데 그건 뭐랄까 이제 그만 울어 자꾸 울면 추워. 밥 먹다 울지 마. 그러면 체해. 네 잘못이 아니야. 할아버지도 알아. 할아버지 꿈을 꾼 날이면 흙으로 빚은 묘비가 된 듯 슬픔에 덜 깨 온종일 비척거렸다. 심장 안쪽으로 눈물을 모으며 누수했다.

할아버지 나는 노새처럼 겁이 많아서 고집이 세졌어. 내 사랑이 부족했어요. 찌개에 넣을 마늘을 다지다 말고 가슴 치는 저녁, 어김없이 나는 또 내가 너무 싫고 용서를 비느라 저녁 짓는 시간이 짧기만 하다.

안녕, 적요하고 포근한 나의 밀실 나의 동굴. 숨이 차지 않고 무거운 목덜미를 가뿐히 내려놓을 수 있는 요새. 집이라고 내뱉는 순간 열이 내린다. 머리카락과 양 볼, 코끝에 바람 냄새를 잔뜩 묻히고 돌아왔다. 숨을 깊숙이 들이마시면 먼지 쌓인 방의 창문을 여는 느낌, 겨울바람에는 박하향이 난다. 오래된 연못처럼 고요하게 낡은 이 집을 만난 건 정말이지 행운이야. 중문을 열면 바로 보이는 호박한 거실은 시간이 지날수록 점점 더 좋아진다.

 2미터에 가까운 티크 테이블은 거실 한가운데 있는데 외출하고 돌아와 덩그러니 놓여 있는 우직한 기물을 마주할 때면 잘 돌아왔구나, 안도감이 밀려왔다. 이곳에서 나는 베란다 창을 열어 놓고 달래를 손질하거나 엄마의 낡은 손편지를 읽으며 의아로운 기분을 쓰다듬는다. 휘적거리다 울먹이고 중얼거리며 무산되는 마음을 이해하려 애쓰던 나날들. 그러다 실패하면 얼른 울고 국을 데워 밥을 먹고 부얼부얼 살찌우며 삶 쪽으로 고개를 돌렸다.

적당한 피로와 설렘이 공존하는 오후 한 시. 무엇을 해도, 하지 않아도 좋은 선물 같은 공백이다. 바람이 안개를 꼼꼼히 부려 놓아 도시는 회빛이고 푸른 꽃이 그려진 머그잔을 들어 진하게 우러난 작두콩차 한 모금 마신다. 크리스마스 이브 첫 끼로는 마른 두부와 손가락보다 작은 당근을 구웠다. 아무 향도, 맛도 느껴지지 않는 장난감 같은 당근. 돌이킬 수 없이 먹어야 하는 일 인분이다.

포근한 기운이 감도는 주방에 맨발로 서서 보얗게 설거지를 할 때면 새삼 사는 게 그럴듯하게 느껴진다. 그래, 나는 '이렇게' 살아 있는 것을 좋아하지. 조용하고 온기 있게 남아 있는 날들을 '이렇게' 보낼 수 있기를 소망한다.

집 앞으로 소풍을 다녀올 생각이야. 마른 리스, 액자, 조명에 대고 말한다. 바쁘지 않으면 잠깐 올 수 있냐는 언니의 연락을 받고 기다리기라도 한 듯 주저 없이 하늘색 니트에 초콜릿색 슬랙스를 꺼내 입으며 활기를 띠는 나의 집, 나의 생활.

카페로 향하는 길, 은빛 털복숭이가 너무 신나 라는 표정으로 꼬리를 제기처럼 나풀거리며 주인 얼굴을 올려다본다. 그래, 너에게도 한 번뿐인 생이지 않겠니. 산책하는 동물을 보면 마음이 누그러든다.

손수건 건네듯 적절한 대화를 나눌 수 있는 상대가 있다는 건 얼마나 자랑스러운 일인가. 언제든 휘파람을 불고 싶다. 기꺼이 수다쟁이가 된다. 의자 끌어당기고 앉아 연한 커피와 아기 궁둥이처럼 뽀얀 치즈케이크 앞에 두고 무슨 이야기를 나누었더라. 하나 둘 손님들이 카페 유리문을 밀고 들어와 이제 헤어져야 할 시간, 커피 포터 필터를 콩콩 내리치는 뒤통수에 대고 인사한다. 잃어버려도 되는 장갑처럼 우리 또 만나요.

빙그르르 회전문 돌리듯 가벼운 마음으로 다시 혼자가 될 때면 쓸쓸하고도 자유로워. 잠깐 만나 호숫가 산책을 하거나 너무 많은 복숭아와 감자를, 화이트 와인에 재운 방울토마토를 나누고는 그래 잘 가 하고 돌아설 수 있는 사이가 있어서, 이 은은한 연대 덕분에 나의 세계는 어둠에서 빛으로 향한다.

이른 저녁을 준비하며 바라본 창문 너머 교회 첨탑 십자가는 이미 붉고 나지막이 부르는 이름에는 망울 같은 멍울이 맺혀 있어. Merry Christmas. 보고 싶다, 할머니.

1월

당신의 쉼을
지지하는 쪽으로

서촌 라마홈에서 데려온 레몬색 밀랍초를 어디에 태울까 골똘하다 그릇장 속 아라비아핀란드 빈티지 에그컵을 떠올린, 소나기 내리던 여름날의 기분을 소중히 간직하고 있다. 사람이든 물건이든 쓸모를 얻는 일은 흐뭇하고 기운 나니까. 우연한 조합이었는데 예상보다 그 둘이 근사하게 들어맞아서 보기 좋은 귀여움에 소리를 질렀었다.

 언제고 작은 장면 앞에서 크게 환호한다. 감탄함으로 불안을 희석하는 것은 오랜 생존 방식. 약간 과장된 어법은 상황을 긍정적으로 보이게 하는 효과가 있다. 와! 하고 내뱉는 순간 오븐 속 식빵 등허리처럼 불쑥 부푸는 것이다.

 산책 다녀오며 구입한 노란 튤립은 마땅한 높이의 화병이 없어 아라비아핀란드의 아네모네 빅저그에 꽂아 두었다. 구입한 물건은 특정 용도 없이 자유롭게 사용하길 원하면서 스스로의 쓸모에 대해서는 왜 그토록 엄격했을까. 좋아하는 일로 생활을 꾸려 간다는 우월감에 오만했고 또한 성실했던 시절이 있었다. 원고료로 자취방 공과금을 내고 쌀을 사고 시골 할아버지에게 보리빵도 보내며 십여 년, 긴 연애 끝에 결혼을 했고 이사와 함께 본격적으로 남편의 타월상점 일을 도운 지는 구

년 정도. 지금도 프리랜서로 원고를 쓰지만 대부분의 시간은 타월상점에서 보낸다. 그저 나 하나의 성취 욕구에 빠져 당신 생활감을 모른 척했던 시절을 지나 이제는 당신의 쉼을 지지하는 쪽으로, 둘의 에너지를 균형 있게 쓰면서 함께 편안한 쪽으로, 기쁨의 방향은 확장되었다.

자고 있는 등을, 머리칼을 가만 쓸어 본다. 서로를 안쓰럽게 여기는 마음은 소중하지. 우리는 결국 고아 아니면 미아가 될 것이기에, 모든 사랑은 연민과 함께일 때 상하지 않고 달아나지 않는다. 그리고 이제는 안다. 나는 글만 쓰면서 살 수 있을 만큼 재능을 타고나지 않았을 뿐더러 더 잘 쓰기 위한 의지와 에너지도 턱없이 부족하다는 것을. 산만하고 호기심 많은 내 세상엔 즐거움이 너무 많으니까. 미칠 만한 용기는 없어도 여전히 쓰는 행위를 사랑한다. 그래서 이 정도, 주중에는 남편과 아옹다옹 점심 메뉴를 고민하며 타월상점을 지키고 휴일에는 카페에 앉아 갉작거리는 행복을 누린다.

남편 전화 와선 손님 오셨는데 친절하신 여 사장님 오늘 안 계시네요, 했다고. 픽 웃었다. 타월 장사는 이제 꽤 구미 당기는 일이 되었네. 미운 면보다 예쁜 면이 많으면 예쁘다고, 싫어하는 부분보다 좋아하는 부분이 많으면 좋아한다고 말해야지. 나는 지금 내 모습 좋아. 바라건대 제한 없고 구속 없이 옳거나 즐거운 일에 기꺼이 제 역할을 다하며 지낼 수 있기를. 일어나지 못할 일은 없다.

네 식구가 누우면 꽉 차는 우표만 한 집에서 목을 내놓고 살면서도 그토록 열렬히 연명하는 생을 도통 이해할 수 없어, 서방이 신물 나면 시댁 근처도 가기 싫을 텐데 저리도 파안 얼굴로 게를 씻고 있다니. 그 시절 숙모는 내게 풀어야 할 수수께끼였다.

 숙모가 온다고 하면 이내 흥그러워져서 목 끝까지 단추를 채우고 마룻바닥을 닦으며 시계만 쳐다봤던 기억, 여백 없이 빼곡히 채워진 기다림은 엄마를 기다리는 아이의 심정과 비슷했겠지.

 밖으로 나가자고 조를까. 평범을 흉내 내 보자. 엄마 또래의 숙모와 있을 때면 왠지 좀 그럴싸해져, 연결된 이 기분을 누구에게라도 자랑하고 싶었다.

 개어 놓은 이불과 옷가지, 뽀얗게 널어놓은 행주와 윤나는 냄비 궁둥이까지, 뭐든 쓰렁쓰렁 하는 법이 없어, 숙모가 지난 자리는 항시 정갈했다. 그때는 그게 당연한 줄 알았지만 어설프게나마 살림을 꾸려 보니 머물렀던 공간을 그토록 단정히 정돈한다는 것이 쉽지 않음을 알겠다.

생활비를 내놓지 않는 남편 덕에 천 원짜리 한 장도 귀했을 텐데, 할머니의 주방을 찬찬히 봐 두었다가 다음에 올 적이면 수저통이며 나무 도마 같은 것을 은근슬쩍 새것으로 바꿔 두던 푼푼한 마음씨는 또 어떻고. 할머니는 그런 며느리를 귀히 여기기는커녕 구지레한 당신 자식 대신 내내 박대했는데 그때마다 나는 아니 숙모가 끓인 해물탕을 그리도 맛나게 많이 잡숴 놓고 욕을 해요? 하며 입을 비죽거렸다. 거실에 가득 찼던 해산물 향과 황토 빛 뜨끈한 국물, 밥그릇 위에 부지런히 쌓아 주던 살강살강한 게살까지, 어떤 장면은 끼니처럼 돌아오고 또 돌아와 꿀떡꿀떡 배를 불린다. 정말이지 언제까지나 계속 먹고 싶은 뭉클한 맛이었다. 위험하고 뒤숭숭한 밤을 지나 말랑말랑한 장소에 착륙한 것 같은 착각이 들 만큼.

지금 떠오르는 거 뭐라도 고백해 보자. 나란히 개수대에 서서 채소를 씻다가 대뜸 이름을 부르던 왼쪽 얼굴. 숙모 사실 나는 거짓말을 잘하는데 그중에서도 나한테 제일 잘해요. 입천장에 붙여 둔 말은 차마 꺼내지 못했지만 아무튼 그런 이상한 말을 해 주는 어른이 있다는 건 든든하고 재미있는 일이었다. 수선할 사랑이 수두룩하구나, 거들떠 봐 주던 하이얀 당신. 그러면 잠깐이지만 나의 어떤 부분이 유리하게 변하는 듯했지. 고백해 보라고, 비장하지 않아도 비밀이 있다면 나누어 갖자던 그 살가운 추궁은 토실한 꽃게살만큼이나 뚱뚱한 기억이다.

후에 두 사람의 관계가 파국으로 치달으며 더는 숙모를 볼 수 없게 되었고 나 역시 대학 생활에 푹 빠져 여름날 우산 잃어버리듯 그녀를 잊었다. 그렇게 기별 없이 십여 년이 흘렀고 할아버지의 삼일장을 위해 시골에 내려갔다가 이상한 충동에 휩싸여 엄마에게 숙모의 위치를 물었다. 아직 이곳에 살고 있는지, 문득 그 얼굴이, 우리 뭐라도 고백해 보자, 하던 그 말갛고 짱짱한 숙모가 허기졌다. 당장 보고 싶다는 갈급, 그 시간 그녀는 장례식장과 채 10분도 되지 않는 동네 베이커리에서 아르바이트 중이었다. 낮에는 모텔 청소를 하고 저녁에는 여기서 빵을 판다고, 빵 트레이를 번쩍 옮기며 이야 하나도 안 변했네. 여전하다. 보기 좋은 가벼운 능글함, 갈갱갈갱한 얼굴에는 빛마저 품었다. 고된 시간을 통과해 온 이들만의 암묵적 인사, 헤어지며 우리는 손을 흔들었지만 다시 만나자는 그런 약속은 하지 않았다. 그저 살아가는 동안 숙모, 기, 아픈 헌이에게 더 많은 행운이 따르길 바랄 뿐이었다.

그날 밤 내가 느낀 기기묘묘한 깨끗함은 무엇일까. 완전히 틀렸다는 통쾌함. 그렇지. 불행할 필요 무엇 있나. 행복하지 못할 이유 무엇 있나. 마음에 어떤 고단함과 슬픔이 있더라도 감정을 등 뒤로 숨기고, 여상한 척 주어진 하루를 여미는 사람들. 슬픔의 한가운데서도 생활을 버리지 않고 이어가는 그대들은 과연 곧고 다부지다. 아름답고 장엄하다.

그랬는데 그렇게 헤어졌는데 그게 벌써 4년 전, 그리고 나는 또 숙모를 잊어버렸고 몇 달 전 갑작스럽게 부고 소식을 들었다. 숙모 아무도 모르게 나도 삼촌도 모르게 저 어디 먼, 순한 버섯이 많이 자라는, 볕이 빤한, 시계를 함부로 끌러 놓아도 거기 있는, 택배를 훔쳐 가지 않는 그런 곳으로 가서 더 오래 살지. 더 오래오래 살지.

어디 한군데 완전히 망가지지 않은 몸뚱이, 조용한 방과 불편하지 않은 마음, 곶감과 귤, 작두콩차와 읽다 만 책 그리고 손 뻗으면 닿는 곳에 당신까지. 목 늘어난 스웨터처럼 편안한 이 밤의 온도가 내 것이 맞을까. 자주 모든 상황이 의심스럽다.

 더운물로 천천히 씻고 나와 침대에 몸을 길게 뻗고 누웠다. 다리를 까닥이며 귤 까는 나를 향해 오늘도 단잠을 잘 것인지 묻는 이. 네가 자는 모습을 볼 때마다 내가 잘 살고 있는 것 같아 보람을 느낀다고. 새금한 귤 조각 오물거리며 오늘도 나 자는 거 구경해, 한다. 이이에게 나는 무거운 짐일까. 무게 없는 사랑일까.

 따뜻해? 우리 지이, 오빠가 26도 이하에서는 안 재우지, 찬 바람 불기 시작하면 남편은 자주 그 말을 하고 때마다 머그잔을 끌어안은 것마냥 데워진다. 덕분에 유여하게 살아. 당신의 기탄없는 사랑에 눈물도 상처도 말라. 언젠가 나를 보는 당신 눈빛 그리워지는 날 오겠지.

 글로 기록하는 삶은 완벽하게 불행해질 수 없다. 안희연 시인이 시집 『밤이라고 부르는 것들 속에는』 마지막 페이지 마지막 줄에 적었듯 '빚진 마음은 반드시 문장이 되게 되어 있다.' 짧지 않은 시간 이 행위가 나를 부축해 주었듯 혹여나 그런 순간이 찾아온다면 어느 때보다 읽고 쓰는 사람으로 살아가리라.

 바닥이 짤짤 끓도록 보일러 온도를 올려놓고 쉬어, 알겠지. 흰 운동화에 흰 발을 집어넣으며 말하는 사람. 안녕, 깨끗한 이불과 타월로 교체해 둘게. 오늘도 무사하자. 고무장갑을 낀 채 분홍색 마음을 흔들고 당신은 내가 모르는 하루를 향해 떠나간다.

 함께 퇴근하고 돌아오는 날이면 제일 먼저 온수 매트 온도를 올리며 수시로 다정을 발휘하는 나의 편. 늘 그렇듯 당신의 사랑은 실용적이다. 그럴 때마다 아버지라고 부르고 싶습니다, 너스레를 떤다. 그러면 그이는 나는 너 같은 딸 둔 적 없다며 바글바글 웃는다.
 한밤중 난데없이 머리가 헝클어지도록 베개 싸움을 하고 나면 얼굴은 벌겋게 달아오르고, 뱉은 숨과 웃음으로 더욱 안락해진 겨울 집. 두 사람은 서로를 적당히 함부로 대하면서 사랑과 우정을 확인한다. 우리는 겨울왕국의 울라프처럼 따뜻한 허그를 좋아하지요. 와락 안고 등 쓸며 하는 말. 지금이야, 지극한 웃음에 사로잡힌 지금 죽자. 환하게 소멸하자. 증발해 버리는 거야. 아니 살자. 영원히 살자.

오빠 우리가 함께하는 또 한 번의 겨울이 지나고 있어. 나는 겁이 많아 도망가기 바쁘고 뒷모습 바라보는 일에 익숙하지만 당신은 '그럼에도 불구하고'라는 사실을 잊지 말아.

바쁘지 않으면 부부는 오전반, 오후반 혹은 종일반처럼 교대로 타월상점을 지킨다. 바람이 창문을 쉬지 않고 물어뜯어, 내일은 날이 더 매섭다 하고 상점도 분주하지 않아 남편만 출근하기로 했다. 느지막이 일어나 티팟에 물을 데우고 찻잎을 우려야지, 엄마의 치자색 냄비에 밥을 안치고 두부조림을 데워 아침을 먹는 거야. 식사가 끝날 즈음 차는 마시기 적당한 온도가 되어 있겠지, 하루 종일 두런두런 권태롭게 지낼 생각을 하니 갑자기 즐거워졌다.

그렇게 천천히 내일의 장면을 그려 보는 것, 당장 내 몫의 생활에 그 정도 여유는 있어 가까운 미래를 가늠해 볼 수 있다면 이보다 고마운 삶도 없으리라.

온기가 머무는 집, 따뜻하다 못해 뜨거운 샤워, 미지근한 페퍼민트티와 김이 모락모락 나는 닭고기 토마토 스튜, 얼굴 비비고 싶을 만큼 보드라운 스웨터와 머플러, 끈적끈적한 꿀 고구마와 윙크를 부르는 노지 감귤 그리고 무엇보다 어여쁜 매

듭으로 팔짱 끼고 걷는 사람들이 거리를 채우는 겨울은 '우리가 온기로 이루어진 존재라는 걸 우리 스스로가 증명하는 아름다운 숨'* 입김이 잘 보이는 계절이자, 내게는 사랑이 잘 보이는 계절이다.

 어느 날 생이 슬며시 다가와 내 당신 앞의 날에 무엇을 준비했는지 알아맞혀 보겠어요? 한다면 까만 밤 그리고 나란히 누운 두 개의 뒤통수, 텔레비전 볼륨은 허밍처럼. 희미한 보리차 냄새와 노란 조명이 섞인 오늘 같은 날이 별처럼 수많기를. 나의 겨울에 오래도록 당신이 함께하기를 바란다.

---

* 고명재, 『너무 보고플 땐 눈이 온다』 中 '입김', 난다

나 좋아하는 딸기, 당신 잘 먹는 방울토마토 꼭 끌어안고 기척 없는 까만 밤 어슬어슬 나목 아래를 걸어 집으로 간다.

  오빠는 미지근한 토마토를 깨물면 입꼬리가 시무룩해지는 사람. 들어가자마자 냉장고 문을 여는 거야. 겨울에도 돌아갈 곳 있어 좋아, 기다리는 이 있어 좋아.

찰리 브라운의 캐럴로 꽉 찬 거실, 소라게처럼 이불 돌돌 말고 앉아 코코아 한 사발을 조금씩 나누어 마신다. 창밖을 보는데 생크림 케이크처럼 새하얀 세상 위로 솟아오른 빨간 우산 하나, 순간 사울 레이터의 작품이 떠올랐다. 노인은 종이 박스를 힘겹게 끌며 아파트 분리 수거장으로 향하는 중이다.

 이렇게 발목까지 눈이 푹푹 쌓이는 날이면 할배는 손녀딸 학교 가는 길 행여 미끄러질까 새벽 동 트기 전 자리에서 일어나 당신 키만 한 싸리 빗자루를 챙겨 버스가 다니는 신작로 어귀까지 비질을 했다. 할머니가 화구에서 막 내려 준 뜨뜻한 투가리(뚝배기) 새우젓 달걀찜에 밥을 비비고 있으면 시멘트 난간에 눈 묻은 장화를 톡톡 털며 하얀 입김을 뿜어내던 어른. 꽝꽝 언 얼굴로 헉헉거리며 눈 다 쓸었다, 하던 그 모습이 오늘따라 아슴아슴 떠오른다.

 대학 기숙사를 떠나 주말 시골집에 오면 할머니 모르게 숨겨 두었던 홈집 없는 홍시라며 수줍게 방문을 두드리던 내 귀여운 할아버지.

수천 마리의 흰나비 떼를 바라본다. 저 퍼덕이는 눈송이들이 온통 그리움이라면 어떨까. 그리워하는 데도 자격이 필요하다고 당신 나를 차가운 물고기 눈으로 흘겨본다 해도 참아야겠지. 서랍 속 우산을 더 깊숙이 숨기고 조용한 나무처럼 하염없이 서서 그 눈을 다 맞고 서 있어야겠지.

얘, 팥을 어찌나 푸짐하게 넣었는지 배가 남산만 하다. 한참을 먹었는데도 이만큼이나 남았다며 이게 무슨 일이라니, 팥소가 너무 많아서 목이 콱 막히겠다. 웃음이 스파클링 워터처럼 터진다. 겨울이라고 하니 겨울이지 봄이나 여름 같다. 희끗희끗 노년의 쾌청한 모습을 마주할 때면 가지가 휘청일 만큼 탐스러운 열매를 매단 사과나무나 달걀 바구니를 품에 안은 듯 마음이 넉넉해진다. 인생의 비밀을 알고 있을 것 같은 기대감에 들뜬달까.

 사진 찍을래? 키도, 헤어스타일도 많이 다르지 않은 세 사람이 비슷한 속도로 붕어빵 오물거리는 모습을 보고 있으니 어머니가 하신 말씀이다. 찌푸림도, 언짢은 기색도, 채근하는 법도 없는 이 어른들을 어쩌면 좋을까. 시어머니, 시이모, 시고모와 갈비탕을 비우고 나오다 남편 생각이 나 근처 분식집에 들른 참이다. 친정 엄마? 종이컵에 어묵 국물을 쏟으며 사장님이 묻는다. 어머니가 들으시곤 그러게 죄다 '시'자가 들어가네요. 대파를 몇 단이나 넣으신 걸까, 국물이 진하고 시원하다.
 이 행복한 예고편을 오래 볼 수 있기를. 세 사람의 말소리와 웃음소리를 섞어 들으며 아직 가 보지 못한 세상에 대한 두려움을 잇는다. 욕심부리지 말자. 사는 거 다 거기서 거기다. 재수가 좋아 나 또한 노인이 되어 볼 수 있다면 주름진 얼굴이 더 주름지도록 웃으며 내 다정들과 붕어빵을 나눠 먹어야지.

오빠, 엊그제 점심에 큰이모가 내 갈비탕을 당신 쪽으로 당겨선 갈빗대를 일일이 건져서 뼈에 붙어 있는 살을 다 발라 주셨어. 그러고는 먹기 좋게 잘라 국에 다시 넣어서 내 쪽으로 밀어 주셨다. 이렇게 해서 밥을 말면 한결 먹기가 수월하다고.

매일매일 태양은 더 빨리 지평선 너머로 떨어진다. 네가 큰이모를 살피는 마음과 큰이모가 너를 생각하는 마음이 그리 다르지 않을 거라는 남편의 말을 온전하게 듣는 밤. 이 어른이 나를 아낀다, 그런 확신이 들면 가슴이 울렁거린다. 결혼 후 자주 울렁인다 라고 쓰고 보니 이런 축복이 없다. 마음이 부요한다. 어른들 멀리 여행 가셨는데 뒷동에 안 계시니 허전하고 심심해. 앞으로도 큰이모가 예쁜 색시 하고 부르시면 언제든 해돋이처럼 웃고 말아야지.

느긋하고 빈둥거리기를 좋아하는 사람이 생활 속에서 생기를 얻으려면 어느 정도 충동적인 면이 필요한 법, 기차표는 발작적으로 두 시간 전쯤 예매해 두었다. 타월상점이 바쁘지 않다 싶으면 눈치껏 기차에 오른다. 훌쩍 떠날 수 있는 자유가 허용된 생활은 얼마나 큰 축복인가. 어렵지 않게 행동으로 옮길 수 있는 이유에는 걸어서 십 분, 사는 곳과 기차역이 가까운 탓도 있다.

 빨래도, 설거지도 거진 마무리했고 자연스럽게 서재로 발길을 옮긴다. 메리 올리버의 『휘파람 부는 사람』을 읽자. 다음 날이 되어도 궁금한 책이 있는 생활은 또한 얼마나 즐거운가. 활자를 읽겠다는 단호함, 스스로를 제어할 수 있다는 기쁨을 누리고 싶다. 곧 주말이 다가오고 지금 냉장고에는 포크 자국 없는 옥수수 치즈케이크 한 조각이 얌전히 놓여 있다. 이 삶에 감히 감사를 뺄 수 있을까. 우리는 우리가 받은 선물을 잘 알고 있지. 운이 좋아서, 퇴근 후 저녁 테이블에 마주 앉아 케이크를 콕콕 파먹으며 어김없이 이런 대화를 나눌 것이다.
 오늘은 또 어떤 장면과 기분을 채집할 수 있으려나. 경로당

입구에 냅다 벗어 놓은 털신 같은 역 광장 비둘기 무리를 지나 에스컬레이터를 타고 역 안으로 들어설 때 소심한 산책자의 마음에는 무궁한 모험심이 일렁인다. 오빠, 이제 곧 기차가 올 것 같아. 나는 기분이 좋으면 당신에게 전화를 걸지.

  다른 자리보다 약간 넓고 간혹 접이식 선반과 콘센트가 마련되어 있어 기차 칸의 맨 앞자리를 선호한다. 햇살 부딪치는 창가 자리에 앉아 차창 너머 숲과 강을 눈으로 좇을 때면 태연하고도 명랑한 다람쥐가 돼. 이것은 식물에 물을 주거나 설거지 후 바싹 마른 도자기 그릇의 궁둥이를 바라보는 행위 이상으로 영혼을 위한 우호적 활동이다.

  대답할 필요도 애써 정적을 희석해야 할 의무도 없는 무색무취의 공기가 부드럽게 주위를 감싼다. 조용하게 흔들리는 순전한 요람에 비스듬히 앉아 움직이는 풍경을 가볍게 소비할 때면 체기가 내리고 숨이 쉬어졌다. 이만하면 잘 살고 있는 거 아닐까, 불쑥 솟은 용기에 두근거리기도 했다.

  어느 순간에는 엄마와의 통화가 떠올라. 엄마, 글쎄 시장에서 포도 사 들고 횡단보도를 건너는데 앞서 걷는 노인이 영락없이 아는 뒷모습인 거야. 그러면 안 되는데 슬쩍 찍어서 언이에게 보내니 언이가 바로 언니 할아버지 생각났겠네 하는 거지, 얘는 내 속에 들어앉아 있다 그치. 언이가 있는 한 내 세상은 앞으로도 조금만 슬플 거야.

에밀 아자르의 『자기 앞의 생』에서 모모는 시간이 얼마 남지 않은 하밀 할아버지를 향해 이렇게 외친다. '하밀 할아버지 하밀 할아버지! 내가 이렇게 할아버지를 부른 것은 그를 사랑하고 그의 이름을 아는 사람이 아직 있다는 것, 그리고 그에게 그런 이름이 있다는 것을 상기시켜 주기 위해서였다.' 죽은 자는 그를 사랑하는 살아 있는 사람들의 기억 속에 묻힌다. 그림자가 움직이는 한 할아버지 무덤은 내 안에 있다.

  차창 밖 흰 눈, 능선, 늘비한 집들과 작다란 다리, 텅 빈 논밭을 본다. 계절의 정취를 고요히 느끼기에, 욕조에 물 받듯 찬찬히 차오르는 슬픔을 지켜보기에 기차보다 더 나은 장소가 있는지 나는 알지 못한다. 홀로 기차를 탄다. 그러면 슬픔을 슬픔인 채 두어도 살 만해진다.

단추처럼 새까맣고 윤기 나는 눈동자, 달빛 같은 피부, 지루하다 싶으면 이내 시무룩한 정물이 되어 버리는 쪼그만 스위트피. 오월의 회전목마처럼 밝은 기운을 퍼트리는 이 몰랑몰랑한 세포에 대해 나는 하루 종일도 떠들 수 있다. 두 팔을 벌리고 새끼 가젤처럼 깡충깡충 뛰어오르거나 초콜릿 과자를 주섬주섬 꺼내 들곤 주저 없이 내 무릎을 소파 삼겠다며 토실한 궁둥이부터 들이밀 적엔 그 사랑스러움을 주체하지 못하고 아이를 좌우로 흔든다. 귀여우니까 잡아먹어야겠다는 무시무시한 농담도 잊지 않는다. 그러면 으아악 하고 탱탱볼처럼 튕겨 나가는 작은 악마. 아직 여물지 않은 뒤통수, 보드랍고 통통한 두 덩이의 발, 친절하게 튀어나온 이마와 그림 같은 눈썹하며 나는 그 애의 옆모습을 완전히 외워 버렸다.
 좋은 어른은 어떻게 하면 될 수 있을까. 바라보고 있으면 잠깐 삶이 명료해진다.

 엄마, 너무 빨리 낡지 마. 동생과 메시지를 주고받다가 첫 조카가 여섯 살즈음 이런 말을 했다며 아마도 늙다 라는 단어의 발음이 어려웠거나 아직 몰라 낡지 말라고 한 것 같다 덧붙

였다. 어린 생에게 엄마는 결국 늙을 거야, 라고 말할 용기가 언이에게는 없어 보였지만 몇 해 전 여름 홍성 추모공원 화장장에서 나눈 대화는 꼬박 기억한다.

두 딸아이가 조금 더 자라 이곳에서 벌어지는 일에 대해 설명해도 되겠다 싶은 순간이 오면 엄마도 죽으면 저기로 들어갈 건데 너희들이 보기에 뜨거워 보일 수도 있지만 사실은 따뜻하다고, 그러니까 걱정하지 말라고 말하겠다 했지. 혹여 말을 잃은 것은 아닐까, 걱정될 정도로 울지 않던 아기는 언제 이만큼 자라 삶의 엄숙함 가운데 서 있나. 그 말은 문득문득 찻잔에, 받아 놓은 목욕물에, 속눈썹 끝에 고여 있다가 왈칵 솟구친다.

사진 속 엄마는 라일락을 물들인 듯 연보랏빛 한복을 걸치고 있다. 가족 행사를 앞두고 무엇을 입어야 하나 고민하는 듯 보였지만 그보다 먼저 얼굴이 눈에 들어왔다. 이음새가 다 드러나는 표정하며 어느새 수척해진 여인. 섬약한 엄마는 몇 개의 계절을 지나오면서까지 계속되는 치과 치료에 지쳐 있다. 수술 이야기만 꺼내면 안녕히 계세요, 갑자기 존댓말을 하고는 전화를 뚝 끊어 버리는데 그럴 때마다 초식동물처럼 어찌나 안쓰러운지.

사랑하는 이의 육체가 삭는 과정을 지켜보는 일은 서운하다. 치과 치료 때문인 것도 맞지만 그녀는 분명 늙고 있다. 하루하루 내가 모르는 시간 속에서 아깝게 늙어 간다. 임플란트 후 입 주변이 퉁퉁 부어 영락없이 오리가 된 엄마. 호숫가로 아침 산책을 나갔다가 자맥질하는 청둥오리를 보고 사진을 찍어 보냈다. 임오리 씨, 친구들이야 인사해, 하니 '안녕'한다. '안녕' 두 글자를 적으며 흰 빵 같은 여자는 조금 웃었을까.

김금희 작가는 『복자에게』에서 농담은 우리의 보잘것없고 시시한 날들을 감추고 보온하는 포슬포슬한 양말 같은 거라고 했다. 그래 별스럽지 않은 농담을 주고받으며 우리는 나름 행복할 거야. 그러니 엄마를 바라보며 너무 오래 낙심하지는 말자. 낡았어도 분명 소중하니까. 어느 쪽으로 기울 것인가, 누구를 위해 울고 웃을 것인가. 그런 사람을 갖고 또 그런 사람이 되어 보려는 것, 축복이다.

2월

태어난 달을 편애하기란
얼마나 쉬운가

뭐든 솔직한 게 제일이라고, 저 몸살 기운 있어서 그런데 내일 가져가도 될까요. 뜨끈한 매생이 굴국을 먹으면 좀 나을 거니까 어려워도 퇴근하고 잠깐 들르면 좋겠는데, 하신다. 나는 또 두 번은 못 우기는 사람이고 저렇게까지 말씀하시니 가 봐야겠지.

어머니가 한번씩 음식을 해 주시면 제비 새끼처럼 최대한 입을 크게 벌리고 받아먹는다. 정성과 시간이 담긴 음식은 먹음직스럽고 믿음직하니까. 너에게 주는 것은 하나도 아깝지 않아, 그 아담한 어른이 등을 보이며 냉장고 문을 활짝 펼칠 때마다 나는 얼마나 수줍었던가. 밖으로 나가 이불을 널고 싶었다.

가져갈 때 뜨거우면 안 되니까 식히고 있었다며 베란다에서 굴국을 냄비째 들고나오시는데 순간 웃음이 새 나왔다. 분명 두 사람 한 번 먹을 만큼만 담았다 하셨는데 대충 보아도 며칠은 충분한 양이다. 지이야, 엄마 어디가 제일 크다고 했지. 손이지요. 그러다 얘, 맞다! 손뼉을 탁, 식탁 구석에 있던 박스를 급히 긁으며 쌍화탕 가져가 쌍화탕. 뜨끈하게 데워 먹고 일쩍 자라고 등 떠밀어 내보낼 적에는 며칠 전 통화가 떠올랐다. 도서관 가는 길이라 하니 눈발 굵은데 장갑은 챙겼는지 주머니에 손 넣지 말고 천천히 걸어야지 안 그러면 미끄러진다며 조심하라고 당부하셨지. 네네, 그럼요, 그럼요. 어머니와의 대화는 보통 그렇게 끝난다. 알겠다고 걱정하지 마시라고, 이 어른의 구체적인 사랑 앞에서 나는 매번 순종적이다.

 돌아가는 길 베이지색 코트 양쪽 주머니에 불룩 튀어나온 쌍화탕이 쨍그랑쨍그랑 우렁찬 소리를 낸다. 그런데 참 이상도 하지, 불과 한 시간 전까지만 해도 한 발 내딛기도 힘들 만큼 몸이 무거웠는데 그래서 강물처럼 울기도 했는데 이제는 달음박질도, 노래도 한 곡 부를 수 있겠다.

 더운물에 지지듯 오래 씻고 나와 벌겋게 익은 얼굴로 굴국에 밥 한 숟가락 말아 먹던, 노곤노곤 잠이 쏟아져 턱 끝까지 이불을 끌어 올려 덮고 감사 기도 드린 그 혼곤한 밤을 어찌 잊을까. 남은 쌍화탕 세 개는 거실 테이블 한가운데 조르륵 올려 두었다. 어머니가 몸살 기운 있을 때 먹으라고 챙겨 주신 갈색병, 보고 또 보아도 뿌듯한 사랑만이 거기 있다. 그녀가 다정히 권력을 휘두를 때마다 나는 이 야단스러운 환대에 기꺼이 호응한다. 세상엔 어렵고 고된 일이 얼마나 많은가. 그에 비해 꿀꺽 삼키기만 하면 되는 이 사랑은 얼마나 쉽고도 안전한가.

포도알처럼 매달린 크리스털 샹들리에가 너그러워 보인다. 은근하게 빛을 뿜어내는 그 조명이 아름다워 마음이 놓였다. 내 즐거움을 구경해요 라는 저 표정들. 지금 이 순간 나도 그들 틈에 슬그머니 껴 있다. 기분이 한껏 너울거리도록 내버려둔다. 지이는 코트를 잘 안 벗어. 포근해서 그런가. 바나나 파운드 케이크의 노란 단면을 넘어트리고 귀퉁이를 잘라 오물거릴 적에 그녀가 나를 보며 말했다.

아스티에 드 빌라트(Astier de Villatte)의 화산재로 빚은 얇고 커다란 화병 같은 계절. 멀찍감치 두고 지켜만 봐야 하는 겨울, 추위에 약한 사람은 펼쳐지지 않은 합죽선 부채처럼 생활 반경을 오므리고 작게 숨 쉬며 근근이 동면한다. 흔히들 일월에 신년 계획을 세우지만 내게는 그저 겨울의 연장일 뿐이다. 모든 정력적 도모는 코트와 장갑, 머플러와 회색 타이츠를 서랍에 넣는 사월부터 시작이다.

그러게 왜 코트를 벗지 않을까, 한 겹 더 두르고 있으면 따스울뿐더러 보호받고 있다는 느낌이 좋아서다. 상상력이 간절했던 시절을 통과하며 자연스레 안전, 안정감에 대한 욕구가 커졌다. 결말을 알고 보는 드라마와 영화를 선호한다. 숨바꼭질은 공포 영화만큼 무섭다.

나의 세상에서는 안전이 완전이다. 최고의 재미이자 중요한 가치다. 그런 즉, 안정의 상태를 지속적으로 갖고파서 노력한다. 밀가루와 유제품을 신경 써서 섭취하고 불규칙적으로 심장이 널뛰면 불편하니까 고카페인이 함유된 음료는 어지간하면 참는다. 평소에도 붓기를 내려 주는 늙은 호박차, 몸을 데워 주는 쑥차와 황도라지차, 입에 쓰지만 염증에는 좋은 머위차까지 다양한 차를 마시며 생활한다. 찬바람 불기 시작하면 편도가 자주 붓는데 작두콩차가 효과적이라는 말을 듣고부터는 이 또한 꾸준히 마시고 있다.

삼십 대와 사십 대 그리고 오십 대는 쏨쏨이와 마음가짐, 생활 방식 모두 달라져야 하기에 지금부터 천천히 연습한다. 미래를 계획할 수 있는 찬찬한 상태를 행복이라 불러도 괜찮을까. 이런저런 일들을 선택하고 예상해 볼 수 있는 지금이 고맙다.

단골 과일집에 들러 포도를 사 들고 남편 있는 타월상점으로 향하는 길, 횡단보도 초록 불 기다리며 혼자 싱글거렸다. 그렇다 한들 나의 집, 귀 달린 둥그런 볼처럼 안전한 당신 내 곁에 없으면 다 무슨 소용이겠나.

폐허 같은 얼굴을 하고 사내는 연거푸 막걸리 잔을 비우며 통곡한다. 좀 조용히 해 주실 수 없나요. 나는 도루묵 조림을 우물거리다 말고 벌떡 일어나 죄송합니다, 죄송합니다 연신 고개를 조아렸다. 공원묘지 식당에는 다른 사람들도 꽤 있어서 여 사장님은 우리에게 쉬지 않고 얼굴을 붉혔다. 벌써 네 번째 사과다.

 그러거나 말거나 저이는 목소리 볼륨을 줄일 생각이 없고 거나하게 취해 삶과 죽음이 손바닥 양면 같다며 세숫대야만 한 손을 앞으로 젖혔다가 뒤로 젖혔다 분주하다. 방금 어미를 흙에 내려놓은 그에게 시끄럽다고, 그만하라고 막걸리 병을 빼앗을 수 없었다.

 네 엄마가 포항 할머니 간병하느라 고생을 많이 했다며, 울고 비우고 울고 비우며 후렴구처럼 연거푸 반복하는 사내. 그 감정 또한 연기처럼 흩어질 것을 오랜 경험을 통해 알지만 한편으론 믿고 싶었다. 지금도 너무 늦었지만 엄마의 강도 높은 헌신을 알아야 한다고.

 팔십이 되어도 내 여기를 올라올 수 있겠나, 이제 막 솟아오른 붉은 봉분을 처연하게 바라보던 맨송맨송한 뒤통수. 그럼요, 올라올 수 있지요. 크게 고개를 끄덕여 주었다. 인간은 인간을 완전히 미워할 수 없게 만들어졌구나. 그 순간, 나는 내가 너무 안타까웠다.

 아빠가 죽고, 나와 동생을 충청도 친정집에 맡길 수 없던 엄마는 잔병치레 잦던 언니만을 데리고 포항행을 결심했다. 지명도 생소한, 살면서 단 한 번도 가 본 적 없는 그 먼 동해로 떠날 결심을 한 데는 아는 언니가 있는데 그 언니가 먹고 살 길을 마련해 주겠다고 했다던가. 그저 딸보다는 아들, 사별 후 계집아이를 둘이나 꿰고 온 둘째 딸을 외할머니는 쉬쉬하고 노여워했다. 한번은 셋이서 추수가 끝난 가을 논두렁에서 살 오른 우렁이를 줍고 있는데, 창피하니 어서 안으로 들어가라며 호통도 쳤다고. 할머니 그러지 말지, 아직은 미간이 하얀 우리 셋을 그저 아프게 여겨 보살펴 주지.
 자신도 모르게 먼 타국으로 입양될 뻔했던 두 아이를 어떻게든 먹이고 입히고 키워야겠다는 생각뿐이었을 엄마.
 애면글면 어찌어찌 장사를 시작했고 얼마 후 손님으로 온 지금의 새아빠가 이마 펄펄 끓는 언이를 업고 병원으로 내달리는 모습에 결심했다고. 양복에 토악질을 했는데도 그냥 웃고 말길래. 네 아빠처럼 남자들은 다 착한 줄 알았지 뭐. 엄마가 형광등 아래서 마늘 껍질을 벗기며 먼지 앉은 목소리로 그 말을 했을 때 나는 평생 가시지 않을 시퍼런 멍 자국을 얻었다.

방학이라고 한번씩 포항에 가면 엄마는 으레 아빠 몫의 외투나 넥타이, 구두를 구입해서는 네가 사 왔다고 해, 하며 종이백을 들려 주었다. 나를 낳은 여자가 나 때문에 또 곤경에 처했구나. 엄마는 나의 방문을 고대했을까 고민했을까. 때마다 약간의 치욕과 허탈함에 가슴이 저렸다. 그 구두 한 켤레, 셔츠 한 벌로 며칠 머물러도 된다는 허락을 받은 듯한 기분. 그걸 받아 들고 당신은 와하하 웃었다. 굴타리먹은 어린애 속도 모르고.

　거부의 말투와 눈빛, 그건 큰삼촌이 휘둘렀던 폭력과는 다른 질감의 공포였다. 초초함을 촉진하는 경상도 사투리는 또 어떻고. 이미 짐작과 체감으로 새아빠가 충청도의 나를 그닥 반기지 않는다는 것쯤은 알고 있었다. 그런들 그리움은 두려움을 이기는 법. 눈치 빠른 어떤 생은 유리하지 않은 상황에서 원하는 것을 얻기 위해 되려 눈치가 없는 것처럼 행동한다. 괜한 능청과 가장된 불량함은 오래된 습벽. 갉아 먹히지 않기 위한 보호색이겠다.

　지금도 매사 압제적인 그를 보며 엄마는 어쩌다 저런 선택을 했을까 싶지만 몽매하고 가난했던 그 시절 그녀가 할 수 있는 선택지는 많지 않았으리라. 누구든 주어진 상황에서 자신이 할 수 있는 최선의 결정을 한다. 무모해 보일지언정, 자신을 위해 혹은 목숨 같은 누군가를 지키기 위해.

올라가는 기차를 놓칠까 봐 총알처럼 차를 쏘던 순간, 보풀 핀 검은색 롱코트와 체크 머플러가 거슬려, 손톱 거스러미처럼 자꾸 신경이 쓰이면 오래 미워하겠노라 다짐했던 마음이 머쓱할 정도로 금방 무너졌다. 다정의 반대편에 서 있는 당신과 수십 년이 지난 이제라도 가족이라는 게 될 수 있지 않을까. 처음도 아닌데 신을 때마다 뒤꿈치에 물집이 잡히는 흰색 가죽 플랫이 마침내 발에 익듯 우리 사이도 언젠가는 그럴 수 있지 않을까.

　오랫동안 암 투병 중이던 새아빠의 어머니, 할머니의 부고 소식을 들었던 것은 지난 설이었다. 복잡스런 연휴에 움직이고 싶지 않아 미리 포항에도 다녀왔는데 다시 가야 한다니, 검은 옷은 없는데 무엇을 입어야 하나. 굳이 장례식장에서 밤새울 필요는 없겠지. 그 노인에 대해서는 텅 빈 방처럼 이렇다 할 기억이 없다. 엄마와 동생을 만나러 포항 갈 적에 가끔 그 댁에 둘러앉아 다과 시간을 가졌는데, 행주로 좌식 테이블 훔치는 나를 보며 손끝이 야물다 하셨던 것, 지난여름 요양병원에서 청포도 한 알을 똑 따 입에 넣어 드리니 맥없이 눈물 흘리시던 모습이 전부다.

　강물은 부지런히 녹아 조잘조잘 물결을 띄우고 봄이 노랗게 손 흔드는 날, 장례식장에 도착했다. 상복은 입지 않았다. 여전히 익숙하지 않은 타 지역의 억양, 뿌옇고 몰캉하고 별다른 맛도 없는 개복치라는 생선을 한 점이라도 더 먹고 가라는 이야기를 쉬지 않고 들었다. 그래, 이 비싸고 피부에도 무척 좋다는 개복치를 먹기 위해 회색 재킷의 단추를 목 끝까지 채우고 앉아 있는 것으로 하자.

너 어릴 적에 영어 사전 사 준 이모야. 영화관 데려갔던 거 기억나니? 동물원의 원숭이가 된 듯하다. 모두가 나를 구경하도록 내버려 둔다. 가족이라고, 가족이 아니라고도 말할 수 없는 이들이 한데 모여 육개장을 먹고, 울고, 절하는 풍경이 그리 어색하지 않다.

나이라도 먹은 걸까, 뭘 안다고 내가, 다 아는 것처럼. 갑자기 실소가 터져 얼른 고개를 숙였다. 그렇지만 이내 사람으로 태어나 도리를 하며 산다는 것의 부질없음과 무거움에 가슴이 답답해져 한시라도 빨리 이곳을 떠나고 싶었다.

빛 좋은 자리마다 망자의 아파트가 빼곡하게 들어서 있다. 드문드문 입주를 기다리는 자리도 보인다. 경상도식 뭇국에는 콩나물 말고도 토란대가 들어가는구나. 일찌감치 경주의 한 공원에 할머니를 묻고 공원에 딸린 식당에 자리를 잡았다. 와중에 막걸리는 왜 이렇게 입에 척척 붙는지. 한 병을 더 주문한다. 사내는 계속 홍수 상태다. 누가 그를 말릴 수 있을까. 저기요, 이모. 엄마는 밴댕이 조림을 추가한다.

남편에게 오빠, 엄마는 다시 태어나면 이름 모를 새로 태어나고 싶대. 국 위의 흩뿌려진 다진 파를 집요하게 골라내다가 문득 엄마의 말이 떠올랐다. 내 옆자리의 그녀는 검은 옷을 입고 도루묵 조림의 가운데 가시를 연신 발라내는 중이다. 짭조름한 양념이 밴 작은 생선은 또 왜 이리 맛깔난지 눈치도 없이 꿀떡꿀떡 넘어가, 벌써 두 접시째다. 그런데 장모님, 왜 이름을 몰라야 해요. 아니 그 새 이름이 '이름 모를'이야. 몸집은 좀 작아. 숨어야 하거든. 얌전히 뼈를 바른 도루묵 조림은 어느새 내 앞에 또 와 있다.

엄마는 왜 숨고 싶을까. 우리에게 착한 사람이 아닌 줄 알아는 버렸지만 이 삶을 도려낼 수는 없어서. 그건 용기가 없어서라기보다 징그러운 연민 때문에. 골라서 사랑하는 능력이 그녀에겐 부족하니까. 집으로 오는 길, 고개 숙인 가로등에게 속삭인다. 나는 바라는 것이 많아 기도하고 소원 비는 것을 좋아해. 그래서 말인데 원해도 될까. 엄마가 슬픔을 떠올릴 그 어떤 것도 없는, 자유롭게 숨을 수 있는 그런 둥지 말이야.

겨울 코트 밖으로 삐져나온 분홍색 스웨터 같은 이월. 태어난 달을 편애하기란 얼마나 쉬운가. 포근한 계절을 향한 기대로 두리번거리는 이월은 생일이 있다는 자체만으로도 훤히 보이는 달이다.

 애니메이션 〈벼랑 위의 포뇨〉의 포뇨를 닮은 그 아이가 도착했대. 화장기 없는 얼굴로 희희덕거릴 수 있는 사이는 새순처럼 한가롭지. 화병에서 보랏빛 튤립 꺼내 어디 보자 제일 큰 송이 골라 종이에 말아 두고 지난 일월 파리 생트샤펠(Sainte-Chapelle)에서 사 온 코튼백도 하나 챙긴다. 그러고 뭐 더 줄 것 없을까 두리번거리다 주방 베란다에서 대저토마토 두 알을 호주머니 깊숙이 미끄러트릴 적에 얼마나 흥얼거렸는지. 남편의 회색 후드 점퍼를 뒤집어쓰고 야외 주차장으로 향하는 길, 이마에 닿는 바람이 거칠다. 맛이 괜찮았다며 건네준 내추럴 와인은 라벨마저 곱구나. 포뇨가 떠나고 엘리베이터 바닥에 와인병을 내려놓고는 편지부터 펼쳤다. 집에 가서 읽어 봐 하고 말할 적의 포옹 같은 표정에 진동한다. 눈을 보고 하지 못한 말이 거기 다 있다. 편지를 주고받으며 우리는 더욱 아름다워진다. 고개 숙이고 머뭇거렸을 문장이 고맙고 꾹꾹 눌러쓴 글씨가 비올라 팬지처럼 생글해. 늘 멀지 않은 곳에서 힘과 웃음이 되어 주어 고마워, 그 말을 쑥 집어넣으며 대답한다. 나도.

또 한 번의 열두 달을 기적처럼 건너왔구나. 매년 생일은 사랑과 배려, 운으로 살아 존재하는 지금의 나를 내가 먼저 축하하는 것으로 시작한다. 생일은 틀림없이 기념일이고 특별한 날을 그렇지 않은 척하면 외로워지니까. 이 땅에 발 딛고 서서 생생히 삶을 누림에, 스스로에게 충만한 축복을 건넬 수 있는 사람이 되고 싶다. 모든 날은 기일에 앞서 생일로 먼저 읽기를 원한다.

슈퍼집 손녀딸의 생일 파티를 귀엽고 풍성하게 열어 준 한 사람. 생일이면 할머니는 친구들을 초대해 동그란 좌식 테이블 가득 과자와 빵, 음료수를 내주었다. 교복을 입은 채 찰랑거리는 젤리를 나눠 먹으며 잔뜩 흥분했던 기억, 상 바닥이 보이지 않을 만큼 온갖 달콤한 간식들이 쌓여 있던 장면을 떠올리면 지금도 혀끝이 달다. 엄마는 멀고 아빠는 더 멀었지만 그 시절 나는 부러운 것이 별로 없었다. 그리고 스물셋 생일에 스물다섯 이제 막 군 제대한 지금의 남편이 장난감 같은 부엌에서 만들어 내온 미역국. 가끔 하얀 밥 공기, 배추김치 몇 점, 참치 건더기 가득했던 미역국 놓인 단출한 소반이 떠오르면

2월 태어난 달을 편애하기란 얼마나 쉬운가

내 마음은 어딘가로 간다.

'너에게는 2월이 잘 어울린다. 하루나 이틀쯤 모자라는 슬픔이'* 부족한 슬픔을 가진 사람, 나 어울리는 계절에 잘 태어났구나. 다정한 사람들 덕분에 내 슬픔은 넘치지 않는다. 오히려 모자라고 가난해진다.

마음을 빚지고 살아가는 생은 얼마나 행운인가. 고마움을 되새기면 외롭지 않다. 몇 년 전까지만 해도 생일 축하한다는 말을 들으면 어색하고 민망했다. 이제는 안 그런다. 엄마가 생일 축하 노래를 애국가처럼 거룩하게 불러줄 때는 추임새도 넣었다. 잘 축하받고 잘 축하하며 살아야지. 그것이 나를 키워 내고 사랑해 준 사람들에게 의미 있는 일이니까. 선명하게 살아서 또 한 번의 생일을 맞는 것이 너무나 대수로운 일임을 시간이 지날수록 깨닫는다.

* 진은영, 『나는 오래된 거리처럼 너를 사랑하고』 中 '어울린다', 문학과지성사

바람이 찻잔 속 물 주름처럼 일렁이는 날, 곁에는 다정한 성분이 많은 사람들. 정동길 브런치 카페 햇살 그은 야외 테라스에 앉아 삶은 율무 알갱이를 꼭꼭 씹으며 태평한 척 웃고 있어요. 바로 옆으로 줄맨드라미처럼 자잘한 펌을 늘어트린 여인이 지나고, 여러분 서둘러요. 붉고 오래된 벽돌 건물 2층으로 강보송 작가의 민들레색 뜨개옷 입은 양을 만나러 가야 할 시간입니다. 스테인드글라스 같은 웃음이 햇살에 섞이고, 동그마한 이마에 단발머리가 잘 어울리는 복숭아 여인, 오늘 봐도 좋은 얼굴에다 대고 말한다. 언니, 나는 언니에게 오래 보고 싶은 사람이길 바라요. 봄은 매일이 소풍 같고 가뜩이나 입이 붕 뜨는데 이 사람들과 함께인 '오늘의 인생'이 간지러워 안기고도 싶고 안아 주고도 싶다.

   미혹된 이의 굽은 등을 바라보는 일은 언제나 흐뭇하지. 고개 숙이고 손을 뻗어 흙으로 빚은 찻잔을 쥐었다 놓았다 반복되는 식물성 동작 옆으로 또 하나의 그림자가 겹친다. 색상을 고민하고 있어요. 흰 싸리꽃 토분 놓인 창문 너머 덕수궁 중명전 바라볼 때 저 둘 속살거리는 소리 아슴푸레 들리고, 순간

2월 태어난 달을 편애하기란 얼마나 쉬운가

고목에서 싹이 돋아나는 힘 같은 걸 느꼈다.

 애플민트 이파리 콕 박힌 붉은 토마토주스 세 잔은 괜히 귀엽고, 피칸파이 위 갈색 곰돌이 초처럼 우리 셋 햇살 아래서 놀다 녹아버릴 까요. 각자 준비한 기쁨과 슬픔을 테이블 위에 올려놓고 휩휩 한데 섞어 나눠 마신다. 서로의 밤과 낮 그 곁에 앉는다. 나란히 둔다.

 나는 오래 잃어버린 사람, 허구헌 날 버스를 놓치는 사람. 아무리 생각해도 잃어버린 것이 너무 많은데 무엇을, 어쩌다 잃어버렸는지 모른 채 어리둥절 살아간다. 이 순간 역시 언젠가는 잃어버리겠지만 가능한 한 오래 입고 싶어라.

 생일이라고 남편이 선물한 꽃다발이 유난히 곱게 말랐다. 튤립과 헬레루보스, 데이지, 장미의 마지막 포즈가 고와 화병째 두고 오며 가며 본다. 타월 배달해야 한다며 상점을 나선 당신은 나 모르게 거실 테이블 한가운데 꽃을 두고 왔구나. 매년 꽃 선물 받을 것을 짐작하면서도 매번 놀라는 이유는 뭐랄까 이토록 한결같은 마음이 어처구니없도록 예뻐서.
 아내 생일인데요, 흰 꽃을 좋아해요. 그리고 집으로 돌아와 바스락거리는 꽃다발을 든 채 마땅한 화병을 찾아 서성였을 그를 상상하면 은은한 몽환 상태가 된다.
 살 만큼 살다 가자. 두고 갈 때 가더라도. 내 좋아하는 고운

옷 입고 친구도 만나고 미술관에도 기웃거리고, 온천도 가고 시장도 어슬렁거리면서. 가볍게, 기쁘게.

장식장 선반 위로 빼꼼 보이는 덴마크 브랜드 헤이의 캔들은 몇 해 전 가을 제주서 오랜만에 만난 그녀와 카페 근처 빈티지 소품숍에서 구입한 것이다.

 비바람 몰아치던 날이었다. 달착지근한 색의 울 재킷은 흐린 날 가끔 입어 주면 기분 손질에 도움이 된다. 용기가 필요한 색이라 계절마다 많아야 한두 번 손이 가지만 옷걸이에 걸려 있는 것만으로도 좋아 일단 갖고 있다.

 가난한 빛에 둘러싸여 있음에도 기품이 대단했던 자개 조명은 무척 황홀했지만 여행 전리품으로 구입하기에는 망설여졌다. 그러다 볼가 바구니 안에 가지런히 누워 있는 캔들을 발견했다. 트위스트 모양도 깜찍하다. 요즘도 생활의 가까운 곳에 두고 보면서, 틈틈이 민트의 기분을 채운다. 한남동의 편집숍에서 한눈에 반한 리넨 듀벳 커버도, 지금 입고 있는 스웨트 셔츠도, 작년 겨울 좋아하는 디자이너 브랜드의 플리마켓에서 구입한 리넨 재킷도 모두 민트색이다. 요즘 차분한 박하색에 푹 빠져 있다.

 계절과 온도에 따라 눈 가는 색이 조금 달라지긴 하지만 결국에는 하얀색에 머문다. 보얗고 동그란, 깨끗해서 화려한 색. 시할머니는 마주 앉을 때마다 엄마도 여동생도 모두 너처럼 흰둥이인지 궁금하다며 지애는 살결이 사기그릇처럼 희어서 보고 있으면 기분이 좋다는 말씀을 하신다. 그럴 때면 안도한다. 흰 몸뚱이라 다행이라고, 그 색이 내 안의 흉허물을 조금은 가려 주겠구나 싶어서.

지인들만 보아도 그렇고 확실히 색을 잘 활용하는 사람일수록 삶에 애착이 많다. 노력하고 있다는 증거다. 필요하고 또한 어울리는 색을 선택해 스스로를 드러낸다. 나는 이런 태도와 방식을 갖고 살아가는 사람이에요. 색을 고르는 행위는 일종의 포즈 같아서 애써 말로 설명하지 않아도 당신이 얼마나 삶에 집중하는지 느껴진다. 익숙해서 그렇지 우리는 온통 색에 둘러싸여 생활하고 있지 않은가. 색을 누리기 시작하면 지루할 틈이 없다. 언젠가부터 수십 가지의 타월이 모두 다르게 각각의 개성으로 눈에 담아지면서 상점 일이 더욱 즐거워졌다.

삶은 단순한 색으로 직조된 태피스트리가 아니기에 어두운 순간이라 해서 꼭 어둡게만 그릴 필요는 없다. 우리 모두 결핍과 불안을 안고 살아간다. 때마다 흐릿해지는 스스로를 또렷하게 보이기 위해 곁에 둘 색을 고른다. 마음에 드는 주인공 색을 골라 칠한 다음 이만하면 괜찮아, 확신도 하면서. 그러다 보면 어때요 그늘도 예쁘죠? 씩씩하게 긍정하는 순간도 오지 않겠나.

3월

각박한 기쁨의
세월을 견디며

사랑받지 못한 날들이 수두룩한 것처럼 기운이 없다. 방크시아 우거진 검은 산에서 들개를 보살피는 한 사람 때문에 나는 서서히 말라 죽을 것이다. 대저토마토를 베어 문다. 찻잔 바닥을 부유하는 홍차 찌꺼기처럼 울적하지만 무섭거나 무겁지 않은 새 부츠가 있어 다행이야.

　며칠째 기분을 해석하지 못하고 있다. 며칠이라고 했지만 실은 몇 달 묵은 기분이다. 비릿 툼툼한 손마디를 보며 사는 게 악몽이네. 나는 착한 사람이 아니에요. 슬픔을 가장 빨리 출발시키는 방법을 알려 줄까? 모든 말을 '남들처럼'으로 시작하면 돼. 두 사람 아니 세 사람에게 저주를 퍼부으며 올라오는 기차 안, 핸드폰 속 꽃다발을 안고 있는 중년 여인을 손가락으로 당기며 싱글대는 내 앞의 여자애 둘을 온통 꼬집고 싶어.

　독백처럼 이어지는 한탄. 물 묻은 비누처럼 마음이 미끄러진다. 통풍이 잘되는 기분을 느끼고 싶어. 초콜릿 바나나 케이크를 푹푹 떠먹다가 식어 터진 국을 데우다가도 한숨을 푹푹 내쉰다. 내 몸에는 지금 코트로도 가릴 수 없는 표정과 구멍이 너무 많아. 상한 우유를 마신 것처럼 배꼽 근처가 아프다.

다른 기분으로 갈아입고 싶은데 자신이 없어요. 음악은 없고 침묵은 있다. 자다 깨서 하는 일이라곤 삼월을 감시하는 것뿐. 이번 생, 봄은 기약이 없어 다 틀렸어. 그래도 처음부터 다시 쓰자, 이런 말은 안 하고 싶어요.

춥고 건조한 시간들, 일주일 넘게 비바람이 분다. 울어야 풀어진다는 것을 너도 아는구나. 덜 익은 바나나에서는 민물고기의 살맛이 나고 계피맛 사탕은 그만 뺄고 싶어요. 머릿속으로 햇살 가득 초원에서 풀 뜯는 염소를 상상해 보지만 소용이 없다. 어제는 내가 다 망칠까 봐 겁이 나요, 혼잣말을 하다가 몇 알 남은 딸기를 눌러 콩포트를 만들고 오일장에 머위꽃 사러 다녀왔다. 꿈속인데도 가슴이 아픈 건 왜 그렇지, 꿈이 조금씩 새고 있어. 남편 손 붙잡고 텔레비전 보다 물으면 그는 약 오 초간 말없이 안아 준다.

어떻게 희생을 평생에 걸쳐 할 수 있을까. 왜 평생 한복 입은 사람처럼 걸으며 슬픔만 길러요. 달그락거리는 법랑 냄비를 버려. 쩨쩨해져 버려. 경솔하게 기도하지 마요. 몇 달 나는 그녀의 삶을 옹호하는 데 거의 실패했다. 얘, 원치는 않았지만 어쩌면 그건 내 재능일 거야.

오늘따라 캐스터네츠 같은 남편아 저리 가 주겠니. 티셔츠를 개키다 말고 이내 후회한다.

  다정할 수 있다, 다정할 수 있다 다짐하지만 삼월의 나는 다른 달에 비해 사랑이 부족해요. 날이 오락가락해서 답답해, 아니 사실은 들개를 내버릴 수 없고 가시 많은 쌀쌀한 숲에서 도망치지 않을 사람 때문에 부들부들을 멈출 수 없어. 매끄럽고 간단하게 숏 파스타처럼 살면 안 될까. 이토록 위태롭고 환한 지옥에서는 타월을 팔아야 하고, 반건조 가자미를 굽고, 봄 니트 색상을 고민하고, 뿌리 염색도 해야 한다.

  신이시여, 이건 너무 기괴하지 않습니까. 따뜻한 방에 송장 자세로 누워 울부짖는다. 세상의 큼지막한 슬픔에 비하면 너희 슬픔 대수라는 듯, 서로의 몸에 노랑을 끼었으며 기어코 봄은 오고 있고, 그래 우리 이렇게 '피투성이라도 살아'(에스겔서 16장 6절) 있으면 되는 걸까. 내 삶을 엄마에게 던지고 싶다.

어서 봄이 와 햇살 아래 서서 대충 둥글린 시금치 냉이 주먹밥을 먹고, 머플러와 장갑 없이 가벼워진 차림으로 호숫가 산책을 갔으면. 반드시 낭랑해지기로 약속해, 입춘 지나 확실히 부드러워진 바람을 느끼며 음흉하게 웃는다.

 도마 위 목련 꽃잎처럼 흩어진 사과 껍질을 주섬주섬 모으며 두통과 열이 가신 하루가 시작되었음을 긍정하는 아침. 떡진 앞머리가 플리츠스커트 주름 같은 사내에게 오렌지색 물을 전달하는 아침이 있어 아직까지 사는 게 심심치 않다. 평생 함께 사는 사람들, 그게 우리도 되어 볼 수 있다는 확신은 연약한 욕심이래도 거둘 수가 없어. 유리잔 가득 사과당근주스를 담아 잠에서 덜 깬 그에게 가져간다. 당신을 위해 당신 몸에 지속적으로 무언가를 채워 넣는 행위는 오로지 나만 누리는 기쁨. 알지? 신선한 것은 신성하기 마련이야. 다 마실 때까지 기어코 마멋처럼 서 있다.

 선물 받은 곰피미역을 데치려고 끓는 냄비 앞에 서 있다가 거실 일부를 당당히 차지해 버린 두 덩이의 침대를 본다. 당신

역시 표현은 안 해도 나와 지내는 생활 속에서 묵묵히 견디는 부분이 있을 터, 널찍한 공간에서 알밤처럼 데굴데굴 굴러다니다 자는 것이 그리 큰 즐거움이라는데 어찌 말릴 수 있을까.

혹 아이 없는 우리를 두고 누군가는 엉뚱한 결론을 내리기도 한다. 두 사람이 거실을 침실로 선택했듯 살아가는 모양 역시 모두 다르다. 곰피미역에 간장물을 쏟으며 흰 강낭콩만 한 딸을 기르는 생활은 어떨까 상상했지만 거기까지. 나는 여전히 큰이모로 불리길 좋아하고 그 역할에 만족도 하는걸. 각자의 결정을 격려하고 지금 이 자리에서 가장 명랑한 상태로 존재하기를, 시간이 흘러 좋은 점은 시간이 얼마 없다는 것을 깨닫게 된다는 것. 정리가 안 될 것 같은 감정들이 슬그머니 작아진다. 기쁘고 이상한 일이다.

하루 종일 바람은 까불고 흰 구름 역시 분주하게 흐른다. 걷다 서다를 반복하며 어디론가 계속 출발하는 오래된 생명, 봄에는 노인 등에 붙어 있는 잔꽃 무늬 백팩이 유독 잘 보이지. 수선화, 매화, 박태기, 무스카리와 조팝, 산당화. 이월과 삼월 사이에는 의식적으로 리넨 보 깔고 바닐라 루이보스티 홀짝거리며 꽃 도감을 들추어 보곤 한다. 입말로 내뱉으면 처마 끝 얼음 녹는 소리처럼 확실한 봄기운을 발견하게 되니까, 그렇게 봄 마중을 나선다.

오랜만에 날이 푹해 감자색 알파카 토끼 인형을 꺼내 놓고 말리는 아침. 요 몇 주 총애하는 토끼 한 녀석을 붙잡고 토끼여, 대관절 봄은 언제 오는 건가요, 하소연을 했다. 그들에게 나는 자주 토로하고 심술 내고 오해하는 인간이다. 백합처럼 길고 순한 귀를 가진 이 동물을 보면 그냥 지나치질 못한다. 토끼를 향한 마음이 각별하다. 귀가 긴 그 애를 자꾸 끌어다 곁에 두고 싶다. 그래, 마저 다 울고 준비가 되면 네 그늘서 자라고 있다는 아주 예쁜 곰팡이를 자랑해 주겠니? 토끼 앞에서는 급하게 슬픔을 증명하고 싶어 쩔쩔맬 필요가 없다. 토끼는 과감하게 들어 주니까. 다그치지 않으니까. 부드럽고 유연한 귀를 성큼 내 쪽으로 쏟는 사람, 자신에게도 당신에게도 나는 토끼가 되고 싶다.

지천에 흐드러진 광대나물꽃, 좀씀바귀꽃, 살갈퀴꽃과 눈 맞추느라 몇 번이고 허리를 구부리게 되는 날들. 오후엔 운동화 끈 동여매고 눈은 반만 뜬 채 산책을 다녀왔다. 무엇이든 골똘히 보고 있으면 그리움의 기척을 느낀다. 걸을 때마다 흘러내리는 가방끈을 어떡하면 좋을까. 가끔 그리움이 번거롭고 버겁다.

하지만 그대들을 그리워할 때 내 안에 오목하게 담기는 슬픔이 나쁘지 않아요. 기쁩니다. 아니, 그래도 기뻐요. 갑자기 눈물이 핑 돌면 할머니가 나를 안아 주고 있구나, 이렇게 지금도 당신은 나를 길러 주고 있구나, 나는 아직도 당신에게 길러지고 싶구나. 따뜻하게 목 졸리는 기분이라는 게 이런 걸까.

겨울바람을 견딘 사철나무는 햇빛에 잘 닦은 은수저처럼 빛나고 주머니에서 초콜릿으로 뒤덮인 자두 한 알을 꺼내 꼭꼭 씹는다. 그녀가 폴란드를 여행하고 사 온 자두 초콜릿인데 하도 잘 먹으니 선반 아래서 남아 있는 것을 다 주었다. 나는 그때 너무 좋아 입을 틀어막았지. 흰 바탕에 파랑과 초록 무늬가 싱그러운 초콜릿 껍질을 만지작거리며 많은 것을 나누는 마음과 적은 것을 모두 내어 주는 마음에 대해 생각했다.

때때로 꿈은 희롱한다. 덫에 걸린 동물처럼 절망에 빠져 더 요란하게 침묵하는 새벽 세 시, 어김없이 잠에서 깼다. 보고 싶다고 말하는 것 말고는 할 수 있는 게 아무것도 없어서 무력해지는 마음과 비겁해서 비참해진 마음에 대해 누구 나와 이야기 나눠 줄 이 없나요. 잠자코 상실을 견딘다. 지금은 허리가 뚝 끊어져서 움직일 수 없어요. 이불 밖으로 튀어나온 발가락이 너무 시린데 굳은 몸은 무릎 오므리는 법을 잊었고 몸살 같은 울음에 갇혀 간신히 눈만 끔벅인다.

할아버지, 미안해. 나는 멀어지고 싶었어, 도망치고 싶었어, 다 잊고 싶었어. 오직 살고 싶었어. 나는 자주 반성하는 탓에 자주 실망한다. 봄에는 무엇을 기대해야 합니까. 새봄에는 새 슬픔을 파종해야겠어요. 봄이고 밤인 지금 알 만한 가장 긴 속눈썹으로 덮어 준다면 다시 잠들 수 있을 것 같은데, 하루에 꼭 한 번은 서러워지는 사람에게는 묵직한 주물 손잡이가 필요해요.

가스불을 키웠다 줄였다, 냄비 뚜껑을 열었다 닫았다 하는 사이 하늘은 오팔색으로 물들고, 너머 너머 하나 둘 불이 켜진다. 곧 커다랗고 시끄러운 사내가 현관문을 박차고 들어와 내 이름을 폭죽처럼 외치겠지. 그가 온다면 반드시 아이처럼 올 테니 그러면 당신 하나로 이 집은 가득 차리라.

 오징어를 푸짐하게 쌓아 무조림을 했다. 갓 지은 쌀밥 위에 짭조름한 무 한 조각 툭툭 으깨 오물거리면 얼마나 맛있을까. 오징어는 얼마 전 포항에 갔을 때 엄마가 손질해 준 것이다. 김장김치며, 햇팥, 들기름까지 이미 캐리어가 한가득이라 오징어쯤은 됐다고 말하려다 차가운 수돗물에 손을 넣었다 뺐다 급하게 내장을 털어 내는 뒷모습을 보며 가져가기로 마음을 바꿨다.
 가스레인지 한쪽에서는 이 인분의 냄비 밥이 누룽지 사탕 냄새를 풍기며 익어 간다. 탁 탁 탁 냄비 바닥에 쌀알이 눌어 가는 소리는 아무리 들어도 질리지 않아. 실리콘 주걱으로 번들번들 차진 밥을 뒤집어 펼 때면 그렇게 개운할 수가 없다.
 채소도 먹어야 해, 오징어만 골라 먹는 남편에게 기어코 물

컹한 무 조각 하나를 들이민다. 하는 수 없다며 브리티시 숏헤어처럼 심드렁한 표정으로 오물대는 입을 보면 뿌듯하지. 수수하게 차린 식사를 사이좋게 먹어 치우고 그래, 오늘 하루도 잘 살았다 안도하는 저녁.

연애와 결혼까지 거진 이십 년, 오늘도 우리 둘만 아는, 시간이 지나도 시들해지지 않는 몇 가지 장면을 새삼스레 펼쳐 놓고 웃는다. 이렇게 자주 밤을 낭비하는 것, 세상 그 어떤 행위보다 근사하게 느껴진다.

새벽 세 시쯤 목이 말라 잠에서 깼다. 보리차 몇 모금 마시고 침대로 돌아와 잠든 남편을 보니 역시나 이불을 죄 차 내곤 베개 하나를 목숨처럼 끌어안고 코를 곤다. 유독 내게만 서운한 게 많아 펼쳐진 책처럼 표정이 읽히는 사람. 가끔 생의 장면에서 비켜서서 먼저 혼자가 되는 상상을 하는데 그러면 당신 차 낸 이불은 누가 덮어 주나 더운밥은 누가 해 주나 그 걱정이 앞선다.

어떤 이는 그 남자의 어깨에 쌓인 비듬을 털어 주고 싶어 결혼을 결심했다던데 나는 이이의 찬 가슴에 이불을 덮어 주고 싶어서, 수선 떨며 뜨끈한 밥을 해 먹이고 싶어서. 내세울 것 없는 평범한 일이지만 이 사람 곁에서 오직 나만 할 수 있는 일이라 착각하며 산다.

눈동자에 박힌 불안을 들킬까 입꼬리를 최대한 끌어당겨 굴림체 같은 표정을 만들고 머리카락을 풀어 정돈한다. 오늘부터 이박 삼일간 필요한 얼굴. 포항에 갈 때는 계획적으로 용기 있는 시간을 보내길 원한다. '가족 중 누군가의 불행이 너무 깊어 버리면 어떤 행복도 그 자리를 대체할 수 없는 법'*이라 했던가. 엄마의 얼굴은 슬픔을 관망하기 좋은 전망대. 수시로 옹벽과 집이 무너지고 강물이 불어난다.

 참외와 딸기를 품에 안고 현관 벨을 누르니 뒤엉켜 풀 수도 없는 목걸이를 차마 팽개칠 수도 없어서 간신히 쥐고 있는 여인이 서 있어, 나는 저이가 카푸치노 잔의 손잡이를 어떤 마음으로 들어 올리는지 카메라 앞에서 어떤 포즈를 즐겨 하는지 알고 있지.
 우리 엄마 식물원처럼 예쁘네. 잘 있었나. 소파에 앉자마자 얼굴이 너무 야위었다고 양 볼에 기미는 왜 이리 늘었냐며 눈가를 오므린다. 이내 뱃속이 무지근해져, 앞으로도 오래오래

---

* 양귀자, 『모순』, 쓰다

나를 걱정해 주고 궁금해 줘요.

 저녁에는 동생 식구들까지 모여 밥과 술을 먹고 농장 구석 노래방 기계 앞에 자리를 폈다. 눈부신 피조물, 이 애틋한 존재들을 어떻게 하면 좋을까. 리리, 너희들은 우리의 자랑이고 힘이야. 온몸으로 자지러지며 별자리처럼 움직이는 아이들이 어찌나 사랑옵은지 눈물이 다 났다.
 부숭부숭 눈웃음까지 더해진 조카들의 노래에서는 솜사탕 맛이 나고 당신은 버드나무처럼 흔들려도 들척지근해. 엄마의 우아함은 수많은 고비마다 생을 포기하지 않았다는 것. 각박한 기쁨의 세월을 가까스로 견디며 여기까지 잘 건사해 왔음에 찬사를 보낸다.

 부르는 노래마다 왜 그리 구슬픈지 이제는 이유를 묻지 않아도 알겠고 그쪽으로 오래 서 있어야 한다는 것도 이해했기에 이따금 의자가 되어 줄게. 신난 까마귀처럼 그녀가 웃는다. 그래, 그렇게 엄마 집 창문을 열자. 엄마도 가끔은 행복해도 되잖아.

계란찜과 조기찜 위에 가지런히 놓여 있던 빨간 실고추 가닥은 얼마나 고왔는지. 봄철이면 달고 먹던, 풋마늘대와 알이 꽉 찬 주꾸미를 퐁당퐁당 빠트린 바다 냄새 가득한 탕을 정말이지 좋아했는데.

키우던 흰둥이가 트럭에 치여 죽었던 날도 그렇고 할머니가 나를 어르던 음식은 깍두기 비빔밥이었다. 흰 밥 위에 새콤한 깍두기를 국자로 가득 퍼 올린 다음, 고추장을 넣었나 안 넣었나, 것보다 중요한 것은 코끝을 맴도는 우아한 향, 황금빛 들기름이었다. 들기름에 무친 나물이며 김밥, 생선 구이까지. 수년 동안 그 향을 맡고, 먹고 자란 탓에 지금도 들기름 냄새를 맡으면 고개가 돌아가고 더운 침이 돈다. 입맛을 다시게 된다. 그렇게 코 훌쩍거리며 퉁퉁 부은 눈으로 벌건 비빔밥을 오물거리고 들기름 두부구이까지 다 받아먹고 한숨 자고 나면 강아지를 잃은 슬픔도, 눈물도 조금 말라 있었다.

슈퍼집 손녀딸은 아이스크림이나 빵 같은 군것질거리를 애쓰지 않아도 누릴 수 있었지만 작은 베개처럼 차곡차곡 쌓여 있던 과자 봉지는 유감스럽게도 별 관심을 끌지 못했다. 속 더 부룩한 그런 간식보다 할머니표 동치미, 떡국 떡볶이 그도 아니면 검은콩 튀김이나 쌀 튀밥 같은 게 훨씬 입에 맞았으니까.

가을 겨울이 되면 할아버지를 졸라 앞산으로 칡뿌리를 캐러 가곤 했는데, 캐온 칡은 말려서 차로 끓여 마시거나 한입 크기로 저며 껌처럼 질겅였다. 가을, 겨울이 되면 할아버지를 졸라 앞산으로 칡뿌리를 캐러 가곤 했다. 물을 끓여 먹거나 심심하면 칡 조각을 조그맣게 저며 껌처럼 질겅였다고. 처음엔 쌉싸래하지만 나중엔 사탕과는 비교도 할 수 없을 만큼 근사한 단맛이 나, 라고 말하면 지인들은 대체 어느 시대를 살아온 거냐며 눈을 휘둥그레 떴다.

아니 젊은 색시가 으름을 알아? 몇 해 전 가을, 집 앞 오일장에서 으름을 발견하곤 신이 나, 열매를 받아 들자마자 그 자리서 우물거리고 있으니 지나가던 어른들이 신기한 눈으로 쳐다봤다. 다래도 그렇고 산에서 따 먹은 기억이 있어요, 연보라색 으름꽃은 풍선 아트처럼 귀엽잖아요. 이런 이야기를 할 때면 희한하게 즐겁다.

이건 할머니의 김치가 아니잖아, 깍두기를 포함해 더 이상 할머니의 김치를 먹을 수 없게 된 시점부터 나는 익은 김치에는 손을 잘 대지 않는 사람이 되었다. 당연히 그럴 수 없다는 걸 알면서도 괜히 골을 부리는 것이다. 얘 대파 안 좋아하잖아. 할머니가 파 대신 부추나 쪽파를 넣어 줬는데 오랫동안 안 먹어봐서 그런지 여전히 싫네. 편식의 유래에는 이런 사연이 있다고, 젓가락으로 쌀국수 위 다진 파 고명을 맞은편 당신 그릇으로 끈질기게 옮기며 파를 싫어하고 김치를 먹지 않는 게 마치 할머니에 대한 의리라도 되는 양 말할 때도 퍽 즐겁다.

할머니와 살면서 세 번의 이사를 했는데 첫 번째 집을 가장 좋아했다. 계단에 올라 두툼한 나무문을 간신히 밀고 들어서면 집 가운데 샘이 있던, 가을에는 땡감을 우린다고 들여놓은 항아리, 겨울에는 병아리 집만 한 요강과 함께 잠자던 그 집을 가끔 꿈에서도 본다.

잠결에 할머니 오줌 누는 소리가 도대체 끊기질 않으면 저러다 단지가 콸콸 넘쳐 내 머리 위로 쏟아지는 건 아닐까 어찌나 겁이 났던지. 황소와 흑염소, 마당 왼쪽 귀퉁이에 잭과 콩나무에 나올 법한 키 큰 감나무도 한 그루 있던 흙 기와집. 가을이면 도리깨로 깨와 콩을 털고 여름이면 담뱃잎 말리던 밭까지 그 모든 시절이 생생하다. 배탈이 날 때까지 아궁이 군불에 은행알을 구워 먹고 비 내리는 여름이면 우산을 쓰고 야산으로 샛노란 오이꽃 버섯을 따러 할머니 뒤를 따르던 순간도. 할머니, 할아버지와 지낸 어린 시절 이야기는 밤새도록 할 수 있다. 그리움 때문이다.

다른 물건도 그렇지만 몸집이 큰 가구의 경우 한번 들이면 오래 사용해야 하기 때문에 세월을 단단하게 간직할 수 있는 물건인지 충분히 살펴 선택한다. 속이 훤히 들여다보이는 유리 기물을 한결같이 좋아해, 마주하고 있으면 이제 막 양떼를 보고 온 듯한 표정이 된달까. 주방 싱크대 뒤로 세워 둔 삼면이 유리로 된 시에스타 장식장은 작은언니네 가구점에서 한눈에 반해 구 년 전 이 집으로 이사 오며 구입한 것이다. 얼마 전, 이사를 앞둔 그녀가 장식장에 대해 물었을 때 별 뜻 없이 '거슬리지 않는다'고 대답했는데 이보다 더한 칭찬이 있을까 싶다.

 거실 약장 위 유리 촛대, 망고나무 볼과 세라믹 돼지 저금통을 한쪽으로 몰아 놓고 먼지를 닦아 낸다. 흰 벽에 엽서 달력도 붙여 보고 장식품 위치도 이리저리 바꾸어 본다. 가까이서 보고 멀찌감치 떨어져서 한 번 더 본다. 여기까지 오는 것도 쉬운 일은 아니었으므로 멀리서 보았을 때 그럭저럭 나쁘지 않다면 일단 둔다. 요즘 노력하고 있는 마음 상태다. 시간을 두고 천천히 수집한 집기와 소품 그리고 아름답게 익어 가는 몇 개의 가구를 보며 만족의 마음을 연습한다.

'완벽하지 않아도 사과하지 마세요.' 영화 〈줄리 & 줄리아〉에서 줄리아가 오븐에서 파이를 꺼내며 말하는 장면은 언제 보아도 경쾌하다. 사소한 잘못과 실수 앞에서도 마음이 훌쩍훌쩍 붉어지는 사람은 그 여유와 당당함에 푹 빠져 버렸다. 거슬리지 않는 장식장은 있을지언정 거슬리지 않는 하루는 없어, 고슴도치처럼 삐죽 튀어나온 어느 날도 멀리서 보면 나름 어울릴 거라고 매일 스스로의 안과 밖을 다독이며 충분의 상태를 익힌다. 주어진 환경에서 스스로와 어떻게든 타협하고 만족을 이끌어 내는 삶, 누구보다 나는 나 자신과 잘 지내고 싶으니까.

4월

시름없는 입꼬리가
좋겠네

안녕, 안녕 나는 더 자라고 싶어요. 초록빛 비 한참 내리더니 아파트 주변 느티나무 가지에도 배죽배죽 새순이 돋아나기 시작했다. 갓 태어난 라임색 이파리가 바람에 일렁일 때면 믿을 수 없을 만큼 행복해져 아! 하고 탄성이 터져 나와. 멀리 떠나지 않아도 일상의 이런 장면 덕분에 하루에 꼭 한 번은 감동한다.

 인적 드문 이른 아침, 빛은 물처럼 덮치고 새까만 나무 기둥 사이를 호젓하게 걷다 보면 문득 자연의 가호를 받고 있는 듯한 착각에 빠진다. 두 볼에 닿는 미풍은 대체적으로 온화하고 나무 그늘 아래를 느릿느릿 걸으며 오늘치 용기를 충전한다. 말썽 많은 세상에서 아무 일도 일어나지 않는 날들이 이어진다니 사는 게 꿈같아. 이런 기복 없는 예상 가능한 하루하루는 많은 행운과 노력 그리고 주변의 기도로 가능한 것이겠지. 그럴 때면 어디선가 지켜보고 있을 신에게 읍소한다. 제 앞에 놓아 주신 모든 평화를 끝없이 찬양합니다. 이 심심한 시절이 무척 소중해요. 이 기쁨을 온전히 느끼며 성마른 노인은 되지 않겠다고 맹세합니다.

봄은 공기에도 소리가 있는 것 같아. 무지개 풀어 놓은 듯 환하고 슬픈 파동에 자주 먹먹해진다. 노랗게 옹알거리는 개나리 군락을 지나 달 부스러기 쏟아 놓은 듯 흐드러진 냉이 꽃밭 발견할 때면 꼭 한번은 눕고 싶지. 그러면 그리운 당신들 내 옆에 와 누워 줄까. 우리 만난 지가 아주 오래되었어요. 마음속으로 부르고 싶은 이름을 차곡차곡 쌓는다.

소쩍새 앉았던 대추나무 가지에는 곧 무성하게 연두 이파리 돋을 테고 머지않아 열매도 맺히겠지. 다 고맙다. 아직은 성성한 두 다리와 톡 튀어나온 이마, 주차장에 흰 거북이의 자리가 비어 있고 당신 즐겨하는 얼음 식혜를 세 병이나 구입할 수 있어서.

새로 산 베이지색 재킷 착용 사진을 동생에게 보내니 언니 나는 지금 조용히 웃고 있어. 지금 당장 그 옷을 반품하는 건 어때? 핸드폰 화면에 언이 이름만 떠도 궁금하고 신이 난다.
선선한 여름밤의 박동을 닮은 아이, 조용하고 아름다운 모과나무처럼 단단한 나의 동생. 그런 여동생이 있다는 건 뭐랄까, 집 안 구석에 반짝이는 실버 틴케이스가 열 개쯤 있는 기분.
그 애의 존재만으로도 마음이 환하다. 엄마가 언이를 낳아주어 얼마나 고마운지, 라는 문장을 쓰면서 몇 번이고 울컥할 수 있어 얼마나 좋은지 몰라.

장바구니를 툭 주방 싱크대에 올려놓을 때, 당신 출근하며 보풀 제거를 부탁한 초록 체크 울 점퍼를 바라보는 일과 오 년째 순순히 새순을 내어 주는 올리브나무, 고요한 기물들에 둘러싸여 글을 쓰고 있는 지금 이 순간까지도. 내게 주어진 잔잔한 소란이 새삼 소중하다.

매년 사월 나 무엇했나. 튤립과 작약을 손질하고 쑥절편을 아카시아꿀에 콕 찍어 부지런히 오물거렸다. 쪼그리고 앉아 손톱만 한 봄까치꽃과 흰제비꽃 구경도 잊지 않았지. 무쇠솥에 밤고구마를 굽고 뜨거운 보리차를 식히며 불안한 채 행복하게 살았네. 특별히 달라진 것 없구나, 낮게 숨 한번 내쉬고 하늘 본다.

손목 인대는 어머니 교회 행사를 앞두고 식사 준비를 거들다 파열되었다. 아무도 그 무거운 감자 바구니를 혼자 옮기라고 한 적 없거늘, 그리 애쓰지 않아도 넘치도록 사랑해 주실 어른들이라는 것을 막 이사 온 구 년 전 여름에는 알지 못했다. 줄넘기 넘듯 가뿐히 건너가지는 생도 있겠지만 나는 아니라서, 편수 냄비나 곡자 우산처럼 처음부터 적합한 상태가 되길 바랐다.

 타월 포장을 한다고 며칠 무리를 했더니 오른쪽 손목에 어깨까지 욱신거린다. 휴식이 간절해, 퇴근 후 씻지도 않고 물처럼 쏟아진 나를 향해 내일 하루 쉬자, 남편의 말이 단박에 좋았다.

 푹 자고 일어나 채 썬 당근을 프라이팬 가득 볶아 주황빛 김밥을 말아 먹고 보자기처럼 훌렁 펴져 카카오 크림 파이를 오물거리는 아침. 커피는 못 마시지만 향은 좋아해 커피 냄새 맡으러 카페에 갈까 하다 반쯤 남아 있던 귀리 음료를 데웠다. 톡 털어 먹는 즐거움은 살림하며 알게 된 것, 남은 찬이나 국을 딱 맞는 용기에 옮겨 담을 때면 은근 대견하다.

연한 모래색 거품 위로 시나몬 가루를 쏟으며 콧노래 부르는 이유는 스스로를 안심시키려고, 불안을 섬기는 세계에서는 확인까지가 사랑이라 부지런히 두리번거린다.

표고버섯 한 팩 사서 반은 된장찌개 끓이고 반은 불고기 재울 때 넣으려고 남겨 두었다. 순하게 돌아난 얼굴을 다듬으며 무한히 반복되어도 좋을 순간이 있다면 우리를 위한 식사를 준비하는 지금이 아닐는지. 아직 보지 못한 미래에서도 제일 사랑할 거라는 확신이 있다.
언제까지 이런 지루한 즐거움 누리며 살 수 있을는지, 당신 옆에서라면 더 많은 다행을 발명하지 않아도 된다는 걸 알까.

과일이 똑 떨어져 집을 나섰다가 나무 한가득 리본처럼 피어 있는 흰 능금꽃을 보았다. 불과 며칠 전까지만 해도 입 꼭 다물고 있던 봉오리는 언제 이리 만개했나. 꼬박 일 년을 기다려 만난 풍경 앞에서 달떴다. 두 눈 크게 떴다. 혼자 보려니 아깝고 아쉬워, 순간 투병 중이라는 작은 외삼촌 얼굴이 왜 떠올랐을까. 내 초등학교 입학을 축하한다며 이사한 시골집 작은방 벽에 에메랄드빛 책상을 짜 주었던 막둥이 외삼촌, 당신은 약해서 악해진 적이 있지. 할배 장례식 날 캔 맥주를 들고 수굿이 다가와서는 미안했다고 그리고 잘 커 주어 고맙다고 했다.

멍든 복숭아처럼 이리저리 고개 돌려 확인하게 되는 말. 참 잘 컸네, 잘 컸어. 지금보다 더 어릴 때는 그 말을 들으면 커튼 뒤로 숨고 싶었다. 얼룩덜룩으로 만들어진 사람이란 걸 들킬까 봐 겁이 났으니까. 나는 자주 잘 심어진 나무처럼 보이고 싶었으므로 그저 오해하도록 내버려 두었다.

나무 그늘 아래 벤치에 작은 곰 인형만 한 여자아이를 품에 안고 있던 노파가 그 애의 작은 등을 도닥도닥 쓸며 바람에 아픈 거 다 날아가라, 다 날아가라 기도처럼 지극하게 반복하는, 언젠가 타월상점 텔레비전으로 지나가듯 영화에서 이런 장면을 보았다.

바람 부는 날 혼자 걸을 때면 주문 외듯 속말을 한다. 심장 속에 꼭꼭 숨기지 말아. 바람에 아픈 거 다 날아가라. 훨훨 날아가라. 매일매일이 기쁨과 슬픔의 경계다.

차는 마시기 좋게 식었고 바삭하게 마른 타월을 개키며 세탁기 돌아가는 소리를 듣는다. 지루하지 않은 고요함을 기쁨으로 느끼며 감사로 채우는 나날들. 오후에는 포뇨를 만나 청포도향 나는 맑은 티와 티라미수 케이크를 모래성 놀이하듯 파먹었다. 겨울과 봄 사이에는 노랑이 필요하지. 그녀 귓불 넘어 흰 벽의 포스터 속 그는 너무 컴컴해 머릿속으로 그의 옷을 함부로 노랗게 물들였다.

  카페에서 나와 미카도 실크 일렁이는 흰 나무 곁으로 다가간 까닭이야 꽃 그늘 아래서 전화해야 하니까. 할아버지, 나야. 목련 활짝 피었네. 목련을 보면 엄마가 떠오르는데 꽃말이 하필이면 '인내'인 것이 가슴 아파. 씀바귀나물 캐러 다음 주 갈까? 꽃대 올라오면 질겨지니까 지금 캐야지. 고들빼기, 민들레잎 섞어서 무쳐 드릴게. 습관처럼 입 꼭 다물고 모가지 들어 하늘 본다. 내 말 들리나요, 할아버지. 할배 파란 장화를 나도 신고 호미 두 자루 덜렁 챙겨 산으로, 들로 쓴 나물 캐러 쏘다녔던 봄날도 있었잖아요. 대답이 없다. 연둣빛 움트는 이 세상에, 내 눈앞에 없는 당신. 하늘에서 이런 나를 내려다보며 아이고, 딱하다 할까.

포뇨와 둘이 흰 양탄자 구름 가득 이고 돌아오면서 다음번엔 튤립 한 단 사서 나누자 약속했다. 날 좋을 때 티트리, 삼각 아카시아나무 보러 평택 농장에 가자 그런 말 하다가 오랜만에 부어오른 발등을 내려다보곤 흐뭇했다. 확실히 즐거운 날이다.

얘야, 무릎을 이쪽으로 그렇지, 이쪽으로 돌려 보렴. 내가 가진 빛을 기다랗게 늘이면 너에게까지 닿을 거야. 봄이라는데 사월이라는데 나는 아직 조랑조랑 겨울잠을 매달고 지켜만 봐요. 봄의 사정이 점점 나아지는 듯하니 이제 그만 회색 잠의 자리를 정리하고 기르는 별의 먼지를 닦아 냅시다. 다람쥐처럼 빨리는 못 가겠지만, 솔부엉이의 꽁지깃이 내겐 없지만. 이제 슬슬 바람에 냉이 꽃다발 쓰러지듯 봄으로 넘어가야 하지 않을까요.

물과 풀 사이 좋은 사월, 해가 좋아 차는 두고 느티나무 가로수 길을 걸어 도서관에 간다. 헝클어진 머리카락을 정수리까지 바짝 올려 묶으니 목덜미가 시원해. 낮은 한숨과 함께 한갓지다, 소리가 절로 나온다. 한갓지다, 이 단어의 느른한 기세를 사랑한다. 어수선한 상황이 종료되고 마침내 몸과 마음의 평화가 준비되었음을, 적게 말하고 천천히 움직여도 됨을, 이 물감 덜한 한갓짐의 순간을 위해 산다 해도 과언이 아니다.

 리버티 패브릭으로 지은 스카이블루 색상의 헨리 넥 아사면 블라우스를 입으면 런던 소호 거리 리버티 백화점의 삐걱대던 나무 바닥이 떠올라. 다시 가 볼 수 있을까. 은은하게 열망하며 두 팔을 날개처럼 뻗으니 바람이 등허리로 쑤욱 손을 넣는다. 순간 몸이 풍선처럼 부풀어 와 이대로 둥실 떠오르면 좋겠네. 그러기에 나 너무 미련 많은 인간이지만.

 타월상점은 결혼과 돌잔치를 비롯해 야외 행사가 많은 봄과 가을에 가장 분주하다. 납품할 타월을 포장하느라 그럼에도 불구하고 몇 줄이라도 읽어 보겠다고 챙겨온 책은 꺼내 보지도 못하고 심지어 연체까지 해 반납한다. 이 시기가 지나면 자그마하게나마 읽고 쓸 여유가 생길 것을 알기에 희미하게 투정하고 만다.

며칠 전 타월상점에 때 타월 사러 오신 할머니 한 분이 지갑에 동전을 떨구며 남편 얼굴 한 번, 내 얼굴 한 번 번갈아 보며 두 사람 짝꿍이지, 남매마냥 닮았어. 서로에게 기꺼이 닿고 닳아 닮아 버린 둘. 기울어져 얼굴에 새겨진 얼굴. 그렇게 우리 두 사람이 하나로 보일 때 조용히 흰색이 된다. 치자꽃 향기를 입는다. 똑 닮았네 아주, 그 말이 좋아서 오래 기억하고 싶다.

도서관 3층 화장실 세면대에 꽃 저리 둔 이 누구일까. 고무나무 잎새와 연분홍 카네이션, 철쭉과 라일락을 두 눈에 담느라 다른 날보다 오래 손을 씻었다.

루콜라가 있으니 딸기와 아보카도를 섞어 샐러드를 할까. 화이트 발사믹에 꿀을 섞은 드레싱이 어울리겠네. 접시 씻다 말고 냉장고에서 와일드 루콜라를 꺼내 얼음물에 담근다. 의식의 흐름대로 자유롭게 행동하는 시간, 이 평화에는 어떤 이름을 붙일까. 시름없는 입꼬리가 좋겠다.

　적막을 깨는 거대한 진동과 함께 알람이 울리고 티 스트레이트를 가볍게 들어 올려 차 한 모금 마신다. 그래 이런 건 너무 쉽지. 오늘도 흰 배갯잇 같은 평화를 허락해 주셔서 고맙습니다. 으적으적 초록 샐러드 씹으며 올리브나무의 그림자를 바라보는 아침, 숨 쉬듯 감사하고 기도하는 생활.

　따뜻하게 데워진 바람을 맞으며 현미 찹쌀과 얼음 식혜, 아카시아꿀과 요구르트, 청포묵, 양상추를 사 들고 집으로 돌아오는 길, 구름으로 범벅된 하늘을 본다. 이 계절은 우리에게 환대의 기분을 선물한다. 가장 부드러운 바람과 빛깔, 볕을 꺼내어 조용히 곁에 둔다. 벚꽃은 은하수처럼 흐르고 발치에 하찮게 핀 여뀌꽃도 사랑스러워, 몸을 부려 움직인 날이면 만족감이 차오른다. '맑고 부지런하면 행복해진다'*더니 정말 그렇구나, 뿌듯한 기분에 기지개 켰다.

   장 본 것 갈무리해 두고 부러 느긋하게 꽃 만진다. '반자루카'라는 이름의 빨갛고 노란 튤립은 너무 화려해 부담스러웠는데 며칠 곁에 두고 보니 그 생기가 어마어마하다. 꽃 정리가 끝날 무렵 휘영휘영 돌아가던 세탁기가 휘파람을 분다. 차근차근 숨차지 않게 할 일이 주어질 때면 어쩐지 다 내 편 같아. 각 맞추어 빨래 너는 일이 무어라고 매번 이리 생경한지, 젖은 타월 털며 너무 좋네, 너무 좋아 입 밖으로 꺼내어 누린다.
   빨래 대에 양말은 양말대로 속옷은 속옷대로 사이좋게 널어 두고 축 처진 껍질들 끔뻑끔뻑 바라보다가 잔물결처럼 흐르는 이 시간 속에서 고스란히 늙어 가기를 간절히 기도했다.

---

*   강익중, 『달항아리』 中 '네 번째 - 내가 아는 것', 송송책방

먹기만 하면 좋은 거여. 지름(기름)에 꽤(깨) 넣고 조물조물 조선간장에 무쳐야 맛나. 뭘 해 볼 마음이 생겨 출근길 오일장에 들러 부지런히 이것저것 본다. 뽕잎나물에 혼잎나물, 울릉도 취나물도 한 봉지 구입했다.

요리법을 모르지 않지만 할머니들의 말을 가만히 듣고 서 있는 게 좋아. 언제고 그리움을 품은 장면 앞에서는 굼뜨다. 그나저나 지난 오일장에서 토종 대파와 시금치 씨앗을 샀던 할머니는 이번 장에 왜 안 나오셨을까. 마늘과 뽕잎나물 샀던 할머니도.

어서 오세요. 손님들 사이로 꽃분홍색 점퍼에 모자를 푹 눌러쓴 시할머니가 섞인다. 모자는 무슨 품인지 얼굴과 팔이 잔뜩 그을렸다. 오늘따라 유독 도토리 같은 시할머니. 있었구먼? 남새(나물) 주려고 가져왔지. 저 멀리 어디로 아파트 이웃들과 밭미나리를 뜯으러 다녀오셨단다. 미나리도 뜯고 도시락도 까먹고 막걸리도 한잔 자셨다는 할머니는 퍼프소매 원피스처럼 살짝 들떠 있다.

얼른 주고 싶어서 집 가기 전 이리로 먼저 왔다는 시할머니. 상점 구석에 신문지 깔고 앉아 남새(나물) 다듬는다. 수다가 끊이질 않으니 오빠가 슬금슬금 다가와, 아니 둘이 지금 여기서 뭐하는 건데. 할머니 함박꽃처럼 벙긋 웃으며 응, 우덜(우리들) 지금 재미나게 얘기하고 있지.

흰 리넨 에이프런 두르고 앉아 봄나물 다듬는 춘사월, 푸릇푸릇 앳된 순 다듬던 손으로 타월도 내어 드리고 검은 아기 고양이 물그릇도 채우고 남편 뒤통수도 쓰다듬는다. 춥고 시드러운 계절 가고 이제 따뜻해, 만만다행이지. 봄에는 그냥 더 살고 싶다.

5월

유정한 영혼을
엄마로 두어

호기심 많은 꼬마 곰이 숲을 탐험하듯 주변의 즐거움을 찾는 사람들, 제 생활과 사랑에 빠진 이들의 눈동자는 빛난다. 사슴이 된다. 저기 저 나무가 벚나무인데 봄바람 불면 떨어진 꽃잎이 카페 앞까지 올 거라며 설레는 표정을 감추지 못한다. 그러고는 이리로 와 봐, 개수대 앞에 세우고는 창문 너머를 가리키며 발색하는 낭창한 이. 우와. 카페 앞 양옥집 담장 위로 솟은 장미 봉오리와 눈이 마주쳤다.

 언니를 보면 꽃밭과 테이블이 떠오르지, 나의 단골 카페에는 풍선초처럼 동그랗게 부푸는 여인이 있다. 차가운 그린 재스민티 마시다 말고 갑자기 일어나, 나 좀 봐요, 새로 산 치마를 뽐내 보겠다며 뱅그르르 돌면 나도 원피스 샀는데 보여 줄게, 분주해지는 손끝. 벚꽃 잎만 한 일상을 차곡차곡 공유하며 다정한 생동을 나눈다. 함께 있으면 지루할 틈이 없다. 마음의 형편이 좋은 이들에게서 자주 명랑을 빌린다. 카페 문을 열고 나설 때면 은근한 노란빛이 되어 있다.

 친정 엄마 사십구재 후 오랜만에 분식집 문을 연다는 곱슬

머리 여 사장님은 오리발처럼 넙적한 나무 주걱으로 달래듯 떡볶이를 저으며 생전에 당신 어머니는 정정하셔서 돌아가시기 직전까지 여 전통시장에 나와 장도 보고 살림도 야무지게 하셨다고. 저도 할머니, 할아버지 손 타고 커서 그런지 시장에 오면 그렇게 생각이 나요. 미지근한 온도로 그리움을 말할 수 있게 되기까지 얼마나 오래 걸렸나. 눈앞이 흐릿해져 다만 허리를 구부리고 집으로 향하는 길, 횡단보도 앞에 섰는데 갑자기 시간이 많이 흐른 것만 같다. 각자의 할머니를 나눴을 뿐인데 위로가 되는 이유는 무엇일까. 떡볶이를 사이에 두고 대화하는 잠깐 동안 무슨 일이 있었던 걸까.

어쩌면 나는 슬픔을 고백하는 일에 중독이 된 것 같다. 처음에는 코바늘 뜨개질을 배우는 것만큼이나 쉽지 않았는데 이제는 이런 것도 위안이 될까요? 방물장수처럼 주섬주섬 꺼내 놓는다. 슬픔은 비슷하거나 더 큰 슬픔이 손잡아 줄 때 흐른다. 기쁨은 결코 해낼 수 없는 일이다.

해지도록 꺼내 보았지만 오늘따라 삽살개처럼 달려오는 장면들. 하교길 남은 급식 우유를 슬쩍 가방에 챙겨 주던 할머니의 오랜 친구이자 초등학교 담임 선생님의 얼굴이나, 들기름 김밥을 오물거리며 저 멀리 모래 먼지 폴폴 나는 운동장에서 줄다리기하던 할아버지를 바라보던 가을 오후, 우리 셋은

굳이 다른 방 놔두고 큰방에 이부자리를 폈는데 주말이면 나는 어김없이 늦잠을 잤다. 그러면 둘은 내 머리맡 즈음에 밥상을 살금 두고 언제 일어나나, 내 얼굴만 빤히 보았다. 얘는 누구인데 우리 집에서 종일 잠만 자나, 신기한 장면을 목격한 듯 알쏭달쏭한 표정, 담요의 온도를 빌린 눈빛으로. 밥 먹고 자, 몽롱한 채 눈을 뜨면 내 앞에 자주 할배가 있었다. 지금도 그 얼굴이 떠오르면 목구멍이 뻑뻑해진다.

토끼 꼬랑지 닮은 대파꽃, 나비떼다 싶으면 완두콩꽃 무더기다. 왜 빛이 닿은 자리는 전과 다르게 완전히 새롭게 보일까. 꽃숭어리와 풀 이파리, 산책하는 강아지의 뒤통수, 함석지붕과 노인들의 머리칼에 내려앉은 햇살에서 잔잔한 쾌감을 느낀다. 자색 붓꽃 화단 앞에 쪼그리고 앉아 해바라기 하던 노인은 손톱을 깎기 시작했고 그 장면을 슬쩍 곁눈질한다. 다행이지 뭐예요. 우리 살아남아 또 다른 봄을 만났잖아요. 그러다 문득 견딜 수 없이 쓸쓸해질 때면 촉촉하고 달콤한 여름밤 같은 사과잼 쿠키와 옷장 속 포세린 블루색 바바리 재킷을 떠올렸다.

계절의 윤곽은 기어이 흔한 초록으로 향하고 마음을 정하지 않고도 걷기 좋은 계절이 다가온다. 봄과 나, 둘만 교교히 서 있다가 사람들 틈으로 섞여 볼 때 이방인 된 듯 낯선데 그

때마다 장난기 떠올라, 아, 살아 있는 거 재밌다, 반웃음 지은 날.

찔레꽃 곁에 두고 세수하고 싶은 오월의 오후, 얼굴에 선 많은 사내가 개실 개실 풀린 눈으로 힘겹게 유리문을 젖히고 들어올 적에 슬그머니 고개를 돌리고 딴청을 피웠다. 저기 커피 좀 줄 수 있나요. 잠시 후 그가 나무늘보처럼 느릿한 동작으로 남편에게 말을 건다. 햇빛에 바랜 갱지 뭉치 같은 낯빛, 울로 만든 모자를 씌워 주고 싶은 표정의 노인. 식은땀을 흘리며 온몸을 바들바들 떨고 있어 마음이 불안했다. 커피는 없는데 어쩌지요. 이미 여러 번 거절을 당했던지 가볍게 체념하고 돌아서는 모습을 보자니 안쓰러워. 저기 콜라는 있는데 드릴까요? 그 순간 살았다, 싶어 환해지는 얼굴.

　남편이 재빨리 냉장고 속 음료수를 떠올리고 그를 돌려세운 덕에 겨우 목을 축인다. 착한 풍경이다. 달고 따가운 한 캔을 다 비운 노인은 이제 좀 걸어 볼 힘이 생긴 건지 고마워요, 고개를 숙이고는 쫀득한 봄 햇살 너머로 사라졌다. 갑자기 당 떨어지셨나 봐, 어른들 저럴 때 있어. 타월 박스를 정리하며 남편은 별일 아니라는 듯 말하고, 나보다 다섯 뼘 정도 큰 사람의 머리칼을 헝클며 귀여워한다. 착하다, 우리 오빠. 까끌까끌했던 기분이 순해진다. 나 나쁜 사람 아니라니까. 알지, 그러니 겁 많은 내가 선선히 사랑까지 갔겠지.

아가일 때 얼마나 울지 않았으면 뒤통수가 이렇게 판판할까. 잘해 줘야지, 앞으로도 덮어놓고 믿어야지. 사월의 봄 오후 두 시 결심으로 완벽하다.

나 결혼 다짐한 가장 큰 이유 무엇이었더라. 당신 알람보다 늑장 부리는 법 없고 어른들에게 최대한의 사람이라서. 더 솔직하기로는 결혼하고 나서 알았다. 이렇게까지 좋은 사람인 줄 연애 때는 미처 몰랐다. 일본 나라 현의 사슴공원에 갔을 때 어린 사슴에 비해 많이 먹지 못했을 거라며 늙고 볼품없는 사슴에게만 센베이 먹이를 주던 남편. 여행 다녀와 그 장면을 어머니와 나누었을 때 그래, 그 아이는 심정이 고운 아이지. 잔정이 많은 아이야.

공기 중에 꽃향기가 떠다닌다. 퇴근길 벚꽃나무 아래를 걸으며 조용히 웃었다. 콜라 마시던 노인의 뒤통수, 은빛 할미꽃, 수선화, 목련, 조팝과 개나리를 빤히 보고 낮잠까지 잤더니 어스름 해가 저물었네. 행복한 순간은 덤덤하게 온다.

택배 왔드나. 며칠 전 통화에서 요즘 냉이가 참 맛있어 일년 내내 먹으면 좋겠네, 그 말을 넘기지 못하고 수고롭게 캐고, 씻고, 삶아 덩이 덩이 소분해서 보내는 정성. 이런 엄마가 있는데 겁날 게 무어야. 응당 잘 살아야지. 위안으로 가는 길을 알고 있다.

형수님 이것 좀 보세요. 구겨진 신문지를 손바닥으로 바락바락 펴서는 까만 매직으로 도로를 그리던 한 남자에 관한 이야기를 들었다. 우리 한약방 앞으로 도로가 생긴답니다. 경사 아닙니까? 차도 한 대 없이 평생 자전거 바퀴 굴리며 알뜰히 모아 건물을 샀다고. 남편과 아는 사이라 알음알음 안면만 있던 그이가 글쎄 두 팔로 헤엄치듯 급하게 신문지를 펼치더니 자기네 건물 앞으로 도로가 생긴다며 설렘으로 발발 떨더라니, 이십 년도 더 된 그 장면이 아직도 선명하다는 어머니. 그이는 이 차선 도로가 생기는 것을 못 보고 죽었다 했다. 무슨 병이랬지요? 츠츠가무시. 그런 병으로도 죽나 봐요. 그 사람 얼마나 신이 났으면 내게까지 그랬을까, 사는 거 길지 않다며 어머니는 투명한 광어회 한 점을 마저 오물거렸다. 그나저나 얘, 너는 나랑 식성도 맞는다. 앞으로도 저 둘 빼고 우리 둘만 맛있는 거 먹으러 다니자. 하염없이 쓸쓸해질 때면 어머니 음성을 떠올린다.

 종종 시어머니, 시아버지와의 자리를 고대한다. 결국엔 누가 죽었다로 귀결되는 이야기를 남편은 지루해하지만 그게 아니

고서야 무엇이 완전한 결말이 될 수 있겠나. 자연스럽고 솔직하게, 살아 있는 내가 죽어 버린 사람들을 상에 올려놓고 미약하게나마 안도한다. 쓸쓸하게 기뻐한다. 아직은, 이라는 단어로 유예하며 맑은 술 한잔 털어 넣는다.

오늘은 원래 쉬는 날인데 횟집 사장님은 문을 열었다. 왜겠어요. 레슨비에, 생활비에 예쁜 내 새끼, 아까운 내 새끼 뒷바라지해야 하니까. 두 분은 이 횟집의 오랜 단골, 오십 대 중후반의 남자 사장님은 아버님 가까이에 앉아 찰랑이는 술잔을 꺾으며 안주로 둥근 꿀떡을 집어 든다. 그러면서 쉬지 않고 일하는 기쁨에 대해, 자식 뒤치다꺼리하는 행복에 대해 두 볼 붉히며 열변을 토하고 그 모습이 공연 뭉클해 초록으로 무성한 창밖으로 시선을 옮겼다.

그래, 우리는 돌보는 마음으로 사는구나. 사랑할 존재가 있으므로 사는구나. 그러니 없으면 만들어서라도 살아야 한다. 돌보고 사랑할 존재.

손을 씻다가도, 길을 걷다가도, 거실 바닥에 뜬 무지개를 바라보다가도 마음이 일렁인다. 십 킬로그램이면 오십만 원도 넘는다는데 말도 없이 문어를 왜 보냈어, 아무튼 덕분에 잘 나눠 먹었어. 시어머니가 글쎄 몇 명이 나눠 먹었는지 모르겠다 하셨어. 전화기 너머 엄마가 웃는다. 너무 잘했네. 네가 있어서 보냈지, 다 네 덕분이야. 이런 유의 대화는 여전히 부끄럽다.

엄마가 '네가 있어서'라고 말할 때 시골집 거실에 쌓여 있던 박스가 떠올랐다. 그 안에는 베지밀이며 식혜, 물렁한 밑반찬과 푹신한 주전부리로 가득했는데 대부분 포항 둘째 딸에게서 온 택배였다. 동쪽 끝 둘째 딸은 이따금씩 서쪽 끝 친정집에 오면 온 마을 어르신들을 끌어안고 토닥이며 우리 아버지 챙겨주셔서 고맙습니다, 고맙습니다, 두 번씩 말하며 본인 목에 두르고 있던 스카프며 신고 있던 신발까지 전부 다 내주었다.

어쩌자고 저이는 주머니가 하나도 없는 사람인지. 그렇게 주고도 더 주지 못해 안타까워하는 유정한 영혼을 엄마로 두어 우리 이렇게 큰 불행 없이 사는 거겠지만.

어머니가 전화로, 얘, 지이야 문어 혹시 좀 남았니. 어른이 멋쩍게 웃는다. 다리 하나 남긴 후 뒷동으로 가져간다. 포항 사돈이 특별한 날도 아닌데 이 귀한 문어를 다 보내셨을까. 혹시 친정 엄마한테 시집살이한다고 했니. 원숭이 같은 표정을 지어 아셨겠지. 이상 없음. 별일 없음.

근 사 년 만에 식물을 들였다. 농원 사장님 말씀이, 유칼립투스 슈가검은 삼 년쯤 되면 하트를 닮은 잎이 인중 긴 노인처럼 변한다고. 돌보는 사람으로 살아 볼게. 꼭 늙어져서 만나자. '사랑하는 이여 세상의 모든 모순 위에서 당신을 부른다. 괴

로워하지도 슬퍼하지도 말아라.'* 오늘이나 내일은 마종기 시인의 시구를 적어서 꽃을 보내려고 해. 돌봐 주어 고마워요. 똘박한 나의 집, 사랑하는 엄마.

* 마종기, 『이슬의 눈』 中 '별, 아직 끝나지 않은 기쁨', 문학과지성사

꽃 보러 와요. 길 하나만 건너면 양옥집 즐비한 우리 동네에는 이런저런 꽃과 나무의 군락지가 제법 되고 나는 이렇게 말할 때마다 조금 우쭐한다. 직접 가꾸는 꽃밭은 없지만 낮은 화단 가득 철마다 색색의 꽃을 돌보는 사람들 가까이에 살아 조금 너그러워진달까. 벚꽃, 목련, 개나리, 동백꽃 지면 수선화, 라일락, 모란, 작약, 붓꽃이 피고 장미와 찔레꽃, 아카시아꽃, 이팝나무꽃이 만개한다. 가까이서 꽃봉오리를 지켜보는 재미, 봄에는 늘 갈 곳이 있다. 모란은 꽃망울 끝이 뾰족하고 작약은 동그랗다. 꽃이 없을 때는 이파리로 구분한다. 잎사귀에 윤기가 흐른다면 작약이라고 알은체를 해 본다. 외우고 부를 수 있는 대부분의 것들은 자연에서 유래했기를, 작약과 모란을 구별해 부르듯 사랑도 그리하자 마음먹는다.

 할미꽃은 좋아하는 작약 무더기 바로 옆에 있는데 그간 왜 한 번도 못 보았을까. 『정원을 돌보며 나를 키웁니다』를 읽고 할미꽃의 마지막을 나도 보고 싶어 부지런히 그 길로 출퇴근을 하다가, 그날 오후 드디어 '불꽃놀이 하듯 반짝이는' 동그라미를 마주했다. 풀어 헤친 은빛 머리칼을 떠들썩하게 흔들며 흥거워하는 모습이라니, 황홀하구나. 그 후로 할미꽃의 마지막은 내 원하는 노년의 모습이 되었다.

계절을 보내는 방법은 저마다 다르겠지만 내 경우, 봄에는 꽃을 많이 보고 여름에는 물기 많은 과일을, 가을에는 뜨끈한 온수 매트에 앉아 찐 밤을 먹는다. 포슬포슬 달콤한 찐 밤을 입안 가득 톡 털어 넣을 때면 이 행복을 안다니, 스스로가 너무 기특해서 너털웃음이 다 난다. 겨울에는 그럼에도 불구의 산책, 뒤뚱뒤뚱 호숫가를 걸으며 살아 있음을 극적으로 과시하는 것으로 때웠다. 매년 그리해 놓으면 한 해를 갈무리할 적에 덜 아쉬웠다.

2리터의 물을 마시고 선크림도 꼬박꼬박 바른다. 주머니와 가방에 제철 과일을 챙기고 조금 멀리 걸어 본다. 시도는 해 보는 것, 지켜보는 이 없는 평범한 하루지만 나는 지금 다른 게 아니라 잘 살고 있다는 느낌이 필요하니까.

오늘도 느티나무 사이를 걸어 구원의 산책을 나선다. 두 발로 움직일 때면 다 잊을 수 있을 것 같고 굳이 잊지 않아도 될 것 같아. 납작해지지 말고 부풀어라, 스스로를 못살게 구는 일에 익숙한 사람에게 산책은 생활을 유지하는 미더운 방식이다. 목적지는 오일장, 잘 익은 과일에서는 꽃향이 난다는 사실을 몇 해 전 알았다. 썩지 않고 여물면 틀림없이 좋은 향이 나는구나. 나도 그럴 수 있을까. 몸 다 자랐으니 이제는 마음이 자랄 차례일 텐데.

   장 입구에서 빨간 플라스틱 바구니에 담겨 있는 참외를 만 원어치 샀다. 노란 줄이 선명한 것을 고른다. 검은 봉지 안에 코를 박고 향을 밀어 넣는다. 김애란 작가가 단편 '가리는 손'에서도 말했듯 내게도 '이렇게나 작은 것들이 나중에는 큰 걸 지켜 주기도' 하겠지. 꽃봉오리와 복숭아, 삶은 밤과 호숫가 산책이.

아침 일곱 시 알람 울리기 전 살금살금 주방으로 걸어가 불려 놓은 쌀알을 가스불에 올린다. 노란 냄비 앞에 쭈그리고 앉아 안희연 시인의 '묵독 연습'을 읽다가 '할머니 어디 있어?' 부분에서 입 앙 다문다. 냄비 밥 불 줄여 놓고 곤히 자는 남편 등을 안았다. 두 눈 꼭 감고 입 아 벌리고 허공에 흘리는 말. 할머니, 정말 어디 있는 거야? 밥물이 눈에 흘러넘친다.

6월

행복한 사람을
보는 게 신나

포르말린색 하늘이 어둡다. 비라도 내린 걸까. 꾸무럭꾸무럭 일어나 밤과 잠의 자리를 정리하고 미지근한 차 한잔 넘긴다. 그러고 가만히 있다 황동 버너 가장자리에 티 라이트를 놓아두는 것은 좋아하는 동작. 어떤 오일을 태울까 하다 날이 흐리니 우드와 감귤, 파촐리와 시더우드향이 섞인 오일을 고른다.

향수와 비누, 헤어와 보디 용품까지 삶의 반경에서 어지럽지 않게 향이 맡아질 때면 비밀스럽게 용기가 자란다. 오목하게 파인 홈에 아로마 오일을 두어 방울 떨어트리자 순식간에 진한 나무향이 거실을 장악하고 공기는 새삼스레 기품을 얻는다. 좌절로 가득했던 어제의 나를 잊는다. 두려움도 슬픔도 두께를 잃는다.

티 라이트에 불을 붙이고 황동 버너에 오일을 채우는 매 순간이 무진장 행복하다. 이제는 일상의 루틴이자 의식이 되어버렸다. 온기를 부드럽게 가두는 둥근 실루엣, 조용한 존재감의 작고 아름다운 기물. 테이블 위 빈 접시 포개다 말고 힐끔 본다. 우리 집에 온 걸 환영해. 너를 싫증 내는 일은 없을 거야.

아직 비가 와? 손등이 다 보일 정도로 세수하듯 얼굴에 로션을 문대던 남편이 밖을 궁금해하기에 거실 창을 열었다. 촉촉하게 젖은 흙, 까맣게 물오른 나무뿌리와 수피 냄새를 진하게 맡을 수 있어 비 오는 날을 기다린다. 선선한 바람이 두 볼과 이마에 닿아 나도 모르게 와아 했다. 향을 더 잘 느끼기 위해 창문 밖으로 모가지 쭉 빼고 한 번 더 와아 한다. 소나무와 편백나무, 삼나무 수피향이 순식간에 몰려와, 두 눈 꼭 감고 새날에 어울리는 새 숨을 들이마셨다. 가물었던 날들에 비해 비 끝이 짧긴 하지만 그래도 고마워. 쉼표 없는 세상에 사는 사람, 오늘만큼은 엄마가 식물 물시중에서 해방될 수 있을 테니까.

냉장고 속 자투리 호박과 버섯, 토마토와 두부를 모두 굽자. 내 멋대로 웜 샐러드를 만드는 거야. 몇 개의 계절이 동그란 팬 안에 담긴다. 찻잎을 티 스트레이너에 옮겨 담을 때면 두 눈은 크게, 숨은 잠깐 멈춘다. 나는 그것을 몇 번이고 바닥에 쏟는 사람이지만 오늘만큼은 그러고 싶지 않으니까. 오늘은 빵을 먹지 않을 거야. 오늘은 꽃을 한 다발 사야지. '오늘은'으로 시작되는 꿍꿍이 하나로 하루에 작은 너울이 생긴다.

창밖은 흐리고 어둡다. 채소들은 느릿느릿 몸을 누이고 주방 베란다 창틀에 올려 둔 아기 유칼립투스는 바람에 휘청거려. 일어나지 않은 일에 집착하지 말자. 언제나 지금 이 순간 할 수 있는 일은 한 가지뿐, 습관적으로 불안해질 때면 내 앞에 놓인 고요나 만끽하자고 의식적으로 중얼거린다.

 잘 못하고, 좋아하지도 않고 안 해도 별문제 없는 일을 해냈을 때 기쁘다. 무심하게가 아닌 기어코 해내는 행동이라서다. 배짱 두둑한 편이 못 된다. 여전히 운전을 할 수 있다는 사실이 믿기지 않는다. 거리가 가깝든 멀든 운전은 용맹에 가까운 용기를 필요로 하고, 그런 즉 주차장에 하얀 거북을 세우고 돌아설 때마다 나는 내가 한 번도 빠짐없이 기특하다.

 냉장고에서 차가운 시트팩 한 장 꺼내 붙이곤 소파 구석에 앉아 도서관에서 빌려 온 마스다 미리의 『오늘의 인생』을 펼친다. 마스다 미리나 소노 아야코, 무레 요코처럼 술술 읽히지만 가볍지 않은 약한 철학 상태의 글을 읽는 행위는 명상 또는 다도를 할 때와 비슷한 효과가 있다.
 인생에 닥치는 귀찮은 일을 모두 작품으로 승화해 보이겠다는 만화 속 여주인공의 대사를 읽으며 '나도' 끄덕였다. 어느덧 남편과 약속한 타월상점 교대 시간, 우산 받쳐 쓰고 젖은 잎 아래를 걷는 일도 꽤 낭만적이구나. 기억하자, 우리에게 주어진 것은 '오늘의 인생'뿐이라는 걸.

혹시 저는 지금 귀여움을 받고 있는 걸까요. 보이지 않는 신에게 속삭인다. 단박에 알아보았다. 우리 목 좀 축일까요. 제철 식재료로 건강한 브런치를 내고 와인과 치즈를 비롯해 당일 만든 케이크와 소스를 판매하는 그로서리 겸 카페, 벌써 와 보고 싶었다. 힘들이지 않고 등장하는 장면은 크든 작든 선물 같지. 자주 고마움을 느끼지만 이런 순간엔 와장창 환호하게 돼, 사뿐히 몸을 돌린다.

　생화와 식물, 책이 놓인 공간을 무턱대고 신뢰한다. 스스로를 부박해지도록 내버려 두지 않는 이들. 자신이 서 있는 곳을 살갑게 가꾸는 사람들에게서 품위와 우아함을 본다. 식사 전 끓인 곡차를 내어 주는 백반집이나 통깨 뿌린 김밥을 맛볼 수 있는 분식점도 비슷한 이유로 마음이 간다.

　음료를 기다리며 함께 오고 싶은 이들의 얼굴을 가만히 떠올려 보는 목요일 오후 두 시, 카페에는 둘뿐이다. 유리 머들러를 손에 쥐고 자몽라벤더에이드를 섞는다. 자몽 알갱이가 초여름 오후 빛과 섞여 막 흔들어 놓은 스노볼 같다. 집으로 돌아가기까지는 한 시간 남짓 남았고 별 이슈가 없는 이상 우리는 이렇게 의자를 당기고 앉아 종알종알 이야기 나누겠지.

그녀 어깨 너머로 목캔디 닮은 연두색 마을버스가 지나가고 그러다 버릇처럼 이 평화가 내 몫이 맞나, 이제는 내 것이라 우겨도 될 만큼 시간이 흘렀건만 그악스럽게 그을린 흉터는 어쩔 수 없나 보다. 내게는 행복도 고통 못지않게 견뎌야 하는 것일까. 그것도 자신은 있지만.

어서 식칼을 세탁기 안으로 숨겨. 어스름한 밤, 차 한 대가 급브레이크를 밟으며 신경질적으로 멈추면 할머니는 말했다. 누구에게나 아는 악마 한 명쯤은 있지 않나. 걸핏하면 술에 취해 포악과 패악을 일삼으며 부모와 어린 조카를 벼랑 끝으로 내몰았던 기생적, 약탈적 사내. 인내심 잃은 그를 수십 년간 지켜보며 내 세상은 자주 절망과 분노로 물들었고 가끔은 죄를 짓고도 싶었다. 봉고차 시동이 꺼지고 정확히 삼 초 뒤, 지진 난 듯 집 전체가 흔들리는 건 당신이 발길질을 시작해서, 야! 이년아, 문 열어! 문 열라고!

어디 있니? 삼촌이 안 때린대. 겁에 질려 맨발로 뛰쳐나간 나를 부르는 파리한 목소리. 컴컴한 새벽, 논두렁을 내달리다 발을 헛디뎌 개골창으로 굴러떨어졌던 날, 달을 올려다보며 아, 나는 이번 생을 용기 내는 데 다 쓰겠구나. 벼 밑동에 찔려

발바닥에 피가 흐르는지도 몰랐다. 당신은 관심이 없었겠지. 불에 탄 교복 앞에서 섧게 울다 친구의 교복을 빌려 입고 수학여행을 가던 열여덟 살의 마음 따위, 화난다고 불구덩이에 내던진 앨범에는 죽은 아빠와 찍은 사진도 있었는데.

'지독한 시간을 보낸 사람들은 축약하는 버릇으로 자신을 보호한다'*는 시인의 문장 위에 가만 눕는다. 그런 사람을 여럿 알아요, 우리는 산산조각을 물고도 잘 버텨 왔지요. 왠지 울 것 같은 기분이 들었지만 눈물은 나지 않았다.

할아버지 발인 날, 내 맞은편에 앉아 쇠고기 육개장을 그렇게나 게걸스럽게 먹다니. 네 새끼 데려가라, 네 새끼. 끝도 없이 엄마를 노골적으로 겁박하며 여전히 우리 주변을 뱅뱅 돌고 있는 당신을 용서할 단어를 나는 아직 찾지 못했다.

지금도 길에서 파란색 봉고차를 마주치면 그 수많은 밤들의 공기와 소음이 선뜩하게 몰려온다. 불쑥 방문을 열고 들어와 불안을 쏟고, 함부로 물들이고 조롱하듯 비웃다 아무렇지 않게 떠났다. 스스로를 달래는 데 많은 에너지와 시간을 낭비하며 살았다. 견딜 수 없는 마음을 건디려 자주 심호흡했던 시절을 가까스로 지나왔지만 지금도 겁에 질린 아이를 돌보는 일에서 완전히 자유롭지 못하다. 크기와 기원만 다를 뿐 우리 모두

---

* 박연준, 『마음을 보내려는 마음』 中 '뼈 헤는 밤', 창비

저마다의 불안을 데리고 살아가지 않나. 토닥토닥 그 애를 재워 고삐를 맬 수도, 납작하게 눕힐 수도 없다. 숨이 붙어 있는 한 주위를 어슬렁거리며 똬리를 틀었다 풀었다 할 것이다.

불안이 끈덕지게 품을 파고들 때마다 나는 참을성 있게 내가 가져 보았던 아름다운 장면을 보여 준다. 나란히 발 맞추어 걷던 아기 흑염소의 발굽 소리, 실크 스카프처럼 출렁이는 평야를 발 아래에 두고 미루나무 평상에 누워 한자 숙제를 하거나 바람 이불을 덮고 쿨쿨대던 날들, 맹감나무 열매마냥 빨간 눈동자로 대뜸 이쪽을 응시하던 설산의 토끼, 막걸리를 푸지게 마시고 벌게진 할아버지가 흥에 겨워 부르던 노랫가락처럼.

대밭집 사슴농장 할아버지는 자기 손녀만큼이나 나를 귀애했는데 왕보리수가 맛이 들었다 싶으면 이리로 와, 손짓하며 배를 채우고도 남을 만큼 충분히 따 먹게 해 주었다. 드롭 귀걸이처럼 주렁주렁 열매를 매단 늙은 보리수나무, 그 쏟아질 듯 눈이 멀 것 같은 루비색 그늘에 앉아 수선화 너머로 몰랑몰랑한 씨를 퉤 뱉을 때면 전날 밤의 기억도 흩어지는 듯싶었다. 그런 식으로 그가 배설한 장면을 치우고 환기하며 구겨진 시간을 다렸다. 노인과 자연의 품이 나를 살렸다.

손우물 넘치도록 보리수를 따 먹었던 기억, 회오리 모기향

연기 피어오르는 해 질 녘은 왜 그리 아련한지. 여름밤 벼들 사이로 개구리, 풀벌레 합창하고, 오색 찰옥수수는 질리지 않고. 물씬 여름이었던 이런 장면을 생각하고 앉아 있으면 어느새 마음이 순해진다. 연한 찔레순이나 삘기를 오물거리던 때로 돌아가 소박해진다. 미세하게 마음 다칠 적이면 부지런히 개어 바르는 장면들, 할머니와 할아버지가 내게 남긴 유산이 적지 않다.

"저는 어릴 때 아빠 없이 살았고 엄마랑도 많이 떨어져서 지냈거든요. 그 시간을 할머니, 할아버지의 사랑으로 많이 채운 것 같아요."* 한 사람에게 받은 상처 따위가 이 아름다운 세상을 살지 못하게 할 힘 따위는 없으니까. 오래된 불안에게 그보다 더 오래된 사랑의 역사를 보여 준다. 그 빛의 문을 활짝 열어 둔다. 당신이 내게서 어떤 빛을 발견해 주었다면 그건 할머니, 할아버지의 보살핌 덕분이다. 조건 없는 사랑, 수십 년이 지난 지금도 그 사랑에 기대어 살아간다.

겨울은 겨우 가기로 한다. 초록빛 모자를 쓰기로, 거대한 노랑이 되어 보기로 한다. 오늘은 타월상점 조금 일찍 문 닫고 남편과 나들이 가기로 했다. 나는 행복한 사람을 보는 게 신나. 행복한 나를 보는 게 신나.

---

* 엄지혜, 『까다롭게 좋아하는 사람』 中 김이나 작사가 인터뷰 내용, 마음산책

쓸 때마다 마음을 풍족하게 채우는 물건이 내겐 몇이나 될까. 천천히 고르고 모아 곁에 두고 보는 즐거움, 덤덤한 만족을 넘어 감동까지 느낄 수 있는 기물을 만나는 건 행운이다.

 아라비아핀란드의 오래된 접시와 볼, 찻잔을 수집한 지는 삼 년 정도 되었다. 수집가라 부르기엔 종류며 개수가 소박하지만 여유 될 때마다 하나씩 품는다. 시작은 아네모네 찻잔이었다. 수수하게 품위 있는 패턴, 게다가 지금은 생산하지 않는 핸드 페인팅 찻잔이라니 더 귀하게 느껴졌을 것이다. 시절의 사연을 간직한 물건, 테이블 위로 내려앉은 조각 무지개, 밤사이 만개한 동백꽃처럼 우리는 늘 삶에서 신비로움을 찾길 원한다.

 초기에 생산된 몇몇 개의 식기에는 바닥에 페인터가 손으로 쓴 아라비아핀란드 백마크를 볼 수 있는데 갖고 있는 아네모네 찻잔 궁둥이에도 또렷한 자국이 있다. 어쩌다 내게로까지 와닿은 이 찻잔. 눈가에 주름을 이고 한 글자 한 글자 옮겨 썼을 손을 더듬더듬 그려 본다.

1960년부터 1972년까지 생산된 아네모네, 2023년 삼월의 나는 그 잔에 차를 마시며 잠깐이지만 영원을 사는 기분을 누린다. 사랑받았다는 증거, 나보다 오래 살아 본 물건은 물성으로, 확실한 흔적으로 커다란 안정감을 준다. 200밀리 정도 되는 찻잔은 시냇물처럼 얕다. 속이 빤히 들여다보인다. 단번에 마셔 버릴 수도 있지만 몇 번에 걸쳐 음미하게 되는 새침한 사이즈다. 반면 비어 머그는 500밀리 맥주 한 캔을 다 품을 만큼 호탕한 용량이라 체면 차리지 않고 벌컥벌컥 마시기에 제격이다. 내게는 사이마, 로즈마린, 아네모네, 페니카까지 모두 네 개의 아라비아핀란드 비어 머그잔이 있어 계절과 기분에 따라 일주일 내내 같은 잔을 또는 다른 잔을 사용하기도 한다. 출근하지 않는 아침이면 이마에 눌린 베개 자국, 부스스한 머리, 구겨진 파자마 차림으로 어떤 잔에 차를 마실까 그릇장 앞을 서성인다.

이번 생이 나를 많이 '봐' 주는 것을 알고 있다. 몇몇 불행은 잘 발효되어 감사함을 감지하는 능력을 향상시켜 주었다. 슬픈 경험은 반드시 필요하다. 슬픔을 살피는 사람은 함부로 선택하거나 판단하지 않기에, 물건과 관계를 알아보고 그들과 우정을 나누는 일에 온 마음을 쏟는다.

나의 평화를 위해 봉사하는 고마운 기물, 찻잔을 바라보는 그 찰나의 순간에 기분이 차오른다. 바뀐다. 좋은 물건은 시선과 시간이 쌓여 단단한 친밀감을 형성하니까. 속삭임만으로도 충분한, 둘만 아는 은밀한 즐거움이 있다. 이 물건은 하루도 빠짐없이 고요한데 나는 지치지 않고 말을 건넨다. 굉장하다, 근사하다 말하곤 그 말을 내가 듣는다. 나는 좌절했어도 너는 여전히 예뻐서 힘이 난다고, 잔잔하게 실패했다 싶은 날에도 그릇장 앞에 서서 그런 고백을 하다 보면 무른 기분이 여물었다. 이 작은 기물들은 언제고 보기 좋게 나를 응원한다.

일상을 사랑하는 방식으로 나 또한 내 곁의 모든 기물에 대고 고백하기를 택했다. 손잡이 달린 잔 말고도 사각 플래터와 크기가 다른 둥근 볼, 브레드 접시도 몇 점 갖고 있다. 합리적 시선으로 보자면야 두 사람 사는 집에 더 이상의 식기는 필요하지 않다. 그렇지만 겨우겨우 이유를 만들어, 사용하는 내내 평생에 가까운 시간 동안 이 기물들을 건사하겠다는 다짐도 해 가면서 앞으로도 그릇을 취할 생각이다. 물건이든 사람이든 소중히 여기는 마음은 즐거우니까. 건조한 세상에서 감탄사를 만들어 내는 방법은 의외로 쉽다. 하루의 기분은 책갈피 넘어가듯 자주 바뀌지만 살뜰히 고른 물건 앞에서 우리는 좀처럼 싫증을 모르지 않나.

정말 아늑하다. 컴컴한 밤 수수한 조명 두어 개 켜고 식탁에 둘러앉으면 꼭 한 명은 동굴 같다고, 술이 달다고 말해 주었다. 손끝을 스치면 티라미수향이 날 것 같은 색. 거실 벽지는 브라운에 가깝다. 아늑하다는 말을 얼마나 좋아하는지 몰라. 복숭아를 안고 자는 표정이 생기고, 콩꼬투리 안에 옹기종기 모여 있는 기분이 든다.

 흐물흐물해진 당신들이 내 집에 폭 안겨 발그레 들뜬 얼굴을 할 때면 아껴 두었던 리슬링을 뿌듯하게 꺼내거나 티라미수 케이크에 포크를 콕 박아 자 이것도 먹어 봐, 하며 어깨를 들썩이곤 했지. 지나고 나면 다 그리운 순간일까. 흘러가 버린 시간을 떠올리면 꿈만 같다.

 어슬렁거리며 초콜릿색 거실 벽 보다가 사진 몇 장 남기고 그동안 고마웠다고 인사했다.

 낡은 나무 바닥과 미세하게 금 간 싱크대 대리석 상판, 빛바랜 화장실 세면대까지 오 년 뒤쯤 리모델링을 계획하고 있지만 그때까지는 너무 까마득해. 기분 전환 겸 현관 타일이라도 교체하려던 참이었는데 윗집 보일러 배관 누수로 천장의 몰딩과 맞닿아 있던 거실 벽지까지 교체하게 되었다. 귀찮다는 생각은 잠시뿐 조금 들떴다. 도배를 앞두고 내친김에 그릇장도 정리했다. 이가 나갔지만 아까워서 갖고 있던 컵이나 볼은 모아서 버리고 손이 가지 않는 접시는 기꺼이 나누었다. 옥신각신 그릇을 포개지 않으니 꺼낼 때 수월하고 눈도 편안하다.

정리라는 게 제자리에 두기만 하면 된다는데 제자리가 자주 바뀌는 나로선 쉽지가 않다. 곧 어지러워지겠지만 지금 이 순간만큼은 분명 기쁜 공백이다.

완전히 분실하지는 않지만 소소하게 자주 눈앞에서 잃어버리는 나는 사라진 물건을 찾을 때만큼은 꼭 공손해진다. 저기 양산님, 어디 계신가요? 모자님, 여기 안 계신 거 맞나요? 이내 찾지 못하더라도 어딘가 잘 있을 것 같아서 크게 마음 불편하지는 않았다.

벽지가 어느 정도 말랐다 싶어 참지 못하고 선물 받은 라울 뒤피의 꽃 그림을 거실 구석에 걸었다. 흡족하다. 순간, 지금까지도 좋았는데 앞으로 얼마나 더 좋을지 기대된다던 당신 말 떠올라, 지이야, 오빠는 사는 게 영 재미가 없어서 사십까지만 살아도 충분하다 했는데 너를 만나 칠십 아니 팔십까지 살고 싶어졌어. 그 말을 처음 들었을 때는 유서를 받아 든 듯 철렁했고 두 번 세 번 되새길 적에는 내가 좀 더 노력해 보고 싶다고, 곁에 사는 동안 행복한 기억을 많이 만들어 주고 싶다는 열망에 사로잡혔다.

　때마침 남편에게 전화가 왔다. 다음 달 강원도로 여름휴가를 가자 한다. 숲과 바다를 보고 숙소 테라스에서 지글지글 연기 피우며 뿔소라와 섭을 구워 먹자며 어때? 어때? 물음표로 다그친다. 이 사람이 집을 떠나 장거리 운전을 하고 딱딱한 의자에 앉아 쓴 커피를 홀짝거리고 우물우물 파스타를 먹고 독립책방 주변을 기웃거리는 이유는 순전히 나 하나의 기쁨 때문이다. 그래, 당신의 최선은 초하의 달맞이꽃처럼 선명하지. 충분하지 않지만 충분하다. 반으로 자른 레몬을 스퀴즈에 비비며 고개를 주억거렸다.

　기대해도 되는 삶을 살아도 되는 걸까. 그래도 될까. 가끔 모든 상황이 단추를 잘못 채운 셔츠처럼 수상쩍다. 호들갑 떨며 얇은 찻잔과 은촛대를 구경하고 손깍지 낀 채 밤 산책도 해야지. 레몬즙에 아카시아꿀을 녹이며 쉬지 않고 콧노래를 흥얼거렸다. 달력 속 숫자는 재촉해도 느긋함을 버리는 법이 없고 이미 나는 팔월의 바다로 떠났다.

　레몬향 진하게 밴 손바닥을 코끝으로 가져갔을 때는 오늘 태어난 아가 얼굴이 떠올라, 어리게만 보았던 원아, 네가 엄마가 되다니 새삼스레 시간은 흐르고 있구나. 환영한다. 탐스러운 여름 열매, 여름 호랑이, 여름 아가.

이마에 꽂히는 햇살 때문에 더는 누워 있기 어렵겠다 싶어 천천히 고개를 들었다. 일어났어? 누가 먼저랄 것도 없이 두 팔을 나뭇가지처럼 벌려 서로의 등을 엉성하게 쓸며 밤사이 안부를 묻는 아침. 납작하게 눌린 뒤통수와 통통하게 부은 얼굴, 끔벅끔벅 반쯤 넋 나간 눈동자를 마주하며 내 옆에 살아 있는 존재를 확인한다.

휴일 아침 거실 바닥에 바다사자처럼 널브러져 있던 남편이 두리번거리며 TV 리모컨을 찾는 사이, 주방으로 걸어가 대파를 다지고 프라이팬에 포항 엄마의 기름을 두른다. 기름 냄새 솔솔 풍기니까 제법 살림집 같지. 사람 사는 집 같지. 시원한 메밀차 한 모금 마신 후 감자와 호박, 빨간 피망도 잘게 썬다. 이것은 즐거움의 전조, 내게 완벽한 주말의 시작이란 당신이 어떤 음식을 떠올렸을 때 그 재료가 냉장고 안에서 다소곳이 기다리고 있을 때다. 거기에 빨리 먹고 싶다 재촉하는 저 목소리까지. 두 사람 사는 집에서 한 명은 반드시 아기가 된다. 가끔 올빼미 같은 표정을 짓게 할 때도 있지만 돌볼 남편이자 아기인 당신 곁에서의 삶을 대부분 기쁘게 받아들인다.

주방과 욕실에 창문이 있고 그 창 너머 나무가 흔들리는 차경 품은 집은 오랜 동경의 풍경. 다행히 주방 왼편 다용도실에 커다란 창이 하나 있어, 문을 열고 프라이팬을 세제 거품으로 흔들흔들 닦아 낸다. 밀고 들어오는 바람이 따뜻하다. 이마를 쓸어 준다. 그래, 이것은 이것대로 좋구나.

 배부른 기름 냄새, 쏟아지는 물소리와 텔레비전 소리, 남편이 야채 볶음밥을 접시에 옮겨 담는 소리를 낯설게 모은다. 오물오물 저 분주한 입 좀 보라지, 어머 콩나물국을 수영하듯 마시네, 설거지하며 슬쩍슬쩍 남편을 시청하는 일은 〈TV 동물농장〉만큼이나 눈을 떼기 어렵다.

 안타까울 정도로 작은 분홍색 귀, 언제 클래 빨리 자라렴, 나는 가끔 남편 귀에 물 주는 시늉을 한다. 테두리 흐릿한 얇은 입술과 새까만 눈동자, 모시 빗자루 엮은 듯 가늘고 촘촘한 속눈썹, 아가일 때 LP판을 잘못 만져 생긴 눈썹 사이 상처하며, 어머니는 피범벅이 된 어린 오빠를 들쳐 업고 얘, 자면 안 돼, 정신없이 내달렸다고. 우렁이 닮은 동글납작한 손발톱과 우유 아이스크림처럼 뽀얀 발바닥까지, 천천히 체하지 않게 오래도록 바라본다. 가능한 한 나는 당신을 마음속 깊이 외우고 싶지. 지독하게 평화롭구나. 창밖으로 떠다니는 크루아상 구름 떼로 잠시 눈 부려 놓고 중얼거린다. 지금 이 순간만큼은 시간이 아주 많이 남아 있다고 믿어 버린다.

곧 마흔인데도 이렇게 귀엽다니, 그 말은 언제고 나를 오뉴월 아까시숲으로 데려다 놓았다. 동그랗게 익은 달처럼 충만한 기분을 느끼게 해 주었고 위로가 필요한 날에는 망토처럼 어깨에 두르고 다녔다. 생 전체를 잔잔하게 응원받는 기분, 한 사람의 생이 달라질 만큼 누군가를 귀여워하는 마음에는 힘이 있다.

나 한때 지독히도 무언가 되고 싶다는 욕망 때문에 눈썹 끝조차 슬펐는데 우리 이렇게 쭉 살면 귀여운 할머니 할아버지 되는 거 맞지, 하고 물으니 콧수염이 어울리지 않는 사내는 수선화처럼 고개를 찰랑인다. 이제부터 내 갸륵한 소망은 당신 옆에서 무사히 노인이 되는 거야. 사는 거 별거 없다. '그늘 좋고 풍경 좋은 데다가 의자 몇 개 내놓는'* 거지 뭐.

---

* 이정록, 『의자』 中 '의자', 문학과지성사

7월

그 수박을 사버리자

달걀 라면 한 그릇을 비우자마자 침대로 점프한 남자는 붕어싸만코를 한 입 베어 물며 실로폰처럼 웃는다. 노란색 이불 위로 활짝 펼쳐진 하늘다람쥐를 향해 저기 올해 몇 살이라고 하셨지요? 마흔인데요. 어제는 남편과 해 뜨고 질 때까지 그림처럼 누워만 있었다.

 식사 후 바로 침대에 눕는 건 흘김을 받아 마땅하고 침대에 누워 아이스크림을 먹는 행위 또한 대단히 반칙이지만 둘만 사는 집에 엄격은 어울리지 않아, 어지간하면 다 허용된다. 치약을 가운데부터 눌러 짜거나 세탁 통에 양말을 뒤집어 놓아도 대수롭지 않게 여긴다. 이따금 심호흡 필요한 순간이 찾아오면 그저 사랑의 크기를 풍선처럼 부풀리면 그뿐이다.

 귤향 나는 주방 세제를 수세미에 꾹 짜서 큰 거품을 만든다. 미지근한 물에 그릇을 헹구며 거실을 둘러보는데 새벽 배송으로 받은 살구색 거베라 다섯 송이는 천진하고 빨래 말리는 작은방에는 제습기가 쉬지 않고 울렁거려, 판다처럼 배를 내놓고 드러누워 또 하나의 붕어싸만코를 가져와 달라며 명랑하게 명령하는 사내. 이번 생 저이는 내 이름만을 열심히 부르기로 작정한 듯싶다. 침대에서 먹는 두 번째 아이스크림을 허락한다. 먹다가 흘리면 치우면 되지 뭐. 네 다리 사이 선풍기 분주하고 당신은 조이스틱 움직이듯 텔레비전 채널을 돌린다.

사실 나는 뭐 재밌는 프로그램 하는지 전혀 관심 없고 그저 오른쪽 다리를 남편 배 위에 턱 걸쳤다가 무거워, 하면 다시 내려놓고 오빠 흰머리 있네? 몰래 뽑고는 악! 소리치면 정말로 나를 물어 버리는 건 아닐까, 이불을 박차고 최대한 멀리 도망가기를 반복할 뿐이다.

그렇게 목젖이 다 보이게 얼굴이 벌게질 정도로 몇 번을 자지러지게 껄껄 웃다가 차가운 커피가 마시고 싶다는 요청에 찬장 속 아껴 두었던 드립백을 꺼낸다. 방울방울 내린 검은 음료를 얼음 잔에 담아 달그락달그락 부러 요란하게 배달하고는 그 앞에 가만히 앉아 아, 좋다. 아, 좋아 누에고치 뽑아내듯 길게 즐거움을 말하는 당신 입 바라볼 때면 어쩐지 행복을 발견한 것만 같아.

짭짤한 정수리 냄새, 완벽하게 눌린 뒤통수를 보니 히죽히죽 웃음이 새 나와. 나를 만나 여전히 기쁘다는 저 주름진 얼굴을 어떡하면 좋나. 오빠, 내가 혹시 먼저 죽으면 혼자 살지 마. 이건 진심일까. 대신 침대에서 아이스크림 먹어도 잔소리하지 않는 나 같은 여자 만나야 돼. 과연 있을까, 그런 사랑. 그러니 일단 내가 해 보는 데까지 해 볼게. 이런 순간에 마음은 자주 두 개가 된다.

　나를 태우면 입속에 박혀 있는 돌기 많은 티타늄 조각만 남겠지. 완전히 사라지지 않을 수 있어 다행이다. 드라마 〈나의 해방일지〉 속 삼 남매 엄마의 인공 관절보다도 너무 작아 눈에 띄지 않겠지만 사라지지 않는 흔적을 갖고 싶은 인간에게는 대단한 위안이기에. 부탁이 있는데 내가 먼저 가거든 내 입속 티타늄 조각은 아들 창희처럼 따로 챙겨 줄래. 너무 작아 안 될까. 그렇지만 아들 창희처럼 땅에 묻어 줄 수도 있을까. 당신 머리칼 쓰다듬으며 그런 생각하다가 이른 저녁으로 김치찜이 먹고 싶다는 말에 주섬주섬 원피스 뒤집어쓰고 현관문을 나선다.

그해 여름 너부데데 할머니는 빨긋빨긋 익은 얼굴에 얇은 옷차림으로 털털거리는 선풍기를 등지고 앉아 누런 장판 위에 빛바랜 포대를 깔았다. 벌건 마늘 자루가 하나 둘 셋 넷 다섯, 할머니 마늘이 왜 이렇게 많아? 마당 샘에서 통마늘을 물에 담가 껍질을 불리는 일은 할아버지의 몫. 그들이 거덜낸 집안 살림을 이 마늘로 다시 채울 수는 없겠지.

빗낱 떨어지네, 거 회관 앞 밭에 가서 애호박 좀 따 와요. 돼지고기 한 근 사다 둔 거 있는데 감자 고추장 찌개 지져 먹자. 있잖아 할머니, 내가 엎질러지듯 할머니한테 기대도 될까. 누룩 냄새 푸진 입으로 할머니가 상글거리면 이내 침이 고이고 그럴 때 해일처럼 밀려오는 우르르, 가 있었다. 우물쭈물 뒷짐 지고 하늘 보던 할배가 대답도 없이 유령처럼 초록 페인트 철문을 끼익 밀고 나서는 소리. 빨랫줄에 널어놓은 목장갑과 얄팍한 러닝이 소서 바람에 쑥덕쑥덕 말라가고 수돗가 응달에 할배가 비스듬히 세워 둔 번들번들 새파란 고무신 두 켤레는 영 암체 같았던, 그 시절엔 그 노인들이 다 살아 있었다.

유리컵 속 얼음 알갱이가 녹으면서 미끄러지는 소리는 확실히 심장을 긁는다. 고개 들어 확인하고 싶을 만큼 청량한 탓이다. 포크로 접시 바닥에 붙은 오이 조각을 콕콕 찍을 때 나는 소리는 또 어떤가. 종이 책 넘기는 소리는 풀 먹여 다린 셔츠 깃처럼 단정하다. 과도로 사과 껍질을 얇게 저미거나 바삭한 아몬드 튀일을 베어 물 때면 침묵은 발랄하게 부서져, 톡톡 편의점에서 맥주 사고 받은 잔돈을 돼지 저금통 안으로 떨어트릴 때면 으레 커다란 꿀벌이 된다.

여름 생활의 소리들, 주방 베란다 창밖 말매미들이 동시에 커튼 젖히듯 쨍하고 울어 귓가가 화하다. 음악은 거의 듣지 않는다. 침묵 속에서 스스로를 돌보는 일에 익숙하다. 영화나 드라마를 보기도 하지만 공간은 보통 무음이다. 고요하게 고립되어 오직 내가 발생시키는 소리만을 듣는 지금 이 순간이 쾌적하다. 조용히 잔잔하게 살아 있다는 느낌이 참 좋다. 그래 평온함은 재미있지. 한 손에는 아이스크림을, 한 손에는 바람개비를 든 아이처럼.

구운 양배추 샐러드 한 접시와 레몬 머들티로 간단히 점심을 먹었다. 간식으로 감자와 완두콩도 삶아 두었겠다, 잔꽃으로 뒤덮인 삽삽한 이불 두르고 앉아 프랑수아즈 사강의 소설을 읽거나 냉침한 제주 녹차를 들이켜며 일기를 끄적인다. 싸우지 말고 덮으라고 엄마는 인견 이불을 두 채나 지어 보냈지. 견딜 수 없이 촌스럽다고 처음 이불을 받아 들고는 고개를 저었는데 지금은 완전히 사랑에 빠져 버렸다. 보드랍고 시원한 천 조각이 맨살에 닿으면 더위는 힘을 잃어버려, 숫제 팔다리까지 허우적거리며 마른 수영을 할 때면 제대로 헐거워진다. 이제 여름에 다른 이불은 상상할 수 없다. 지금 더욱 기분 좋은 게 주방 가득 푹푹푹 옥수수 찌는 소리로 가득하니까. 맛있어져라, 맛있어져라. 소원을 빌 때는 신중해야 한다.

주변에 너 좋아하는 사람들과 나누어 먹으라고 잔뜩 보냈지. 매해 여름 백 개가 넘는 옥수수를 보내는 이유를 물었을 때 엄마는 그렇게 말했다. 이 옥수수가 경상도에서 충청도의 내게로 도착하기까지 내 부모는 뙤약볕에서 수도 없이 허리를 굽혔으리라. 엄마의 수고로움을 알고 즐겨 줄 이들의 얼굴을 떠올리며 옥수수를 나누어 담는다.

친정은 너무 멀고 시댁은 너무 가까운 탓에 행여 설움 겪지 않을까 걱정하던 사람. 이제 엄마도 알지. 손톱자국 많았던 시절 지나 당신 딸이 사랑받는 것에 익숙해지는 중이라는 걸.

엄마의 택배서는 어느 때는 흙 내음이, 어느 때는 바다 냄새가 난다. 냉장고에는 그녀가 보낸 들기름과 참기름, 태양초 가루와 현미 쑥떡, 남편이 즐기는 반건조 생선이 그득하다. 이유도 없이 비 맞은 옥수수 잎사귀처럼 축축 처질 때면 냉장고 구석구석 가득한 사랑을 목도하며 기력을 채웠다. 언젠가 나이 지긋한 택시 기사님이 해 주신 말씀이 떠오른다. 부모가 있으면 고생한 게 아니라고, 나는 그걸 부모가 살아 곁에 있으면 완벽히 서글픈 일은 없다, 로 알아들었다.

할머니 돌아가시고 얼마 있다 할아버지 뵈러고 시골집에 갔을 적에 할매가 생전 사용하던 댕댕이 채반을 크기별로 두어 개 챙겨 왔다. 호기롭게 막걸리도 담가 보겠다며 자그마한 독도 하나 실어 왔는데 여직 시도는 못해 봤지. 다 자란 나는 당신 손때 묻은 채반에 뜨거운 옥수수를 식히고 떡쌀을 불리고 가지를 말리거나 비름나물을 다듬는다.

사람은 진즉 가서 없고 물건만 오래오래 남았구나. 가끔은 목 놓아 울고 싶다. 이번 생 내가 맡은 역할은 해바라기처럼 모가지 쭉 빼고 구메구메 그리움을 핥는 일. 하품처럼 새어 나오는 슬픔을 틀어막는 방법을 나는 몰라라.

이제 옥수수 꺼내고 단호박 찐다. 두 사람 사는 집의 살림은 늘 소꿉장난 같다. 한 김 식혀 냉동실에 보관했다가 찬바람

부는 어느 날 찹쌀가루 풀고 호랑이 강낭콩에 호박씨까지 올려 먹어야지. 남은 재료를 갈무리하며 다음 계절의 음식을 떠올릴 때면 든든하다. 또박또박, 천천히 가자. 한 뼘, 한 뼘 조금씩 살자.

왜 긴팔을 입었을까. 소매를 걷어 올리자니 살갗 그을리는 게 신경 쓰이고 관두자니 촛농처럼 녹아 버릴 것 같다. 이따금 미풍이 이마를 쓸어 주긴 하지만 명랑함을 되찾기엔 역부족이다. 허억 숨기지 않고 더운 숨을 톡, 톡 뱉어 낸다. 차가운 음료가 간절하다.

 먼젓번 치과 진료 때 선생님은 내게 타고나길 잇몸이 약해서 평생 알코올 안 돼요 아셨죠, 라며 한결같이 단호한 표정을 내밀었다. 거짓을 말할 때면 신발 속 발가락을 꼼지락거리는 버릇을 갖고 있는 나는 그날도 힘껏 발가락 끝에 힘을 주고 네, 그럼요, 그럼요. 그러고는 머릿속으로 며칠 전 친구와 홀짝거린 화이트 와인을 떠올렸다. 재스민 같은 흰 꽃과 잘 익은 백도향 물씬한 그 페코리노는 과연 으뜸이었지. 타고나길 몸이 차 여름에도 따뜻한 티를 즐겨 마시지만 아무렴 여름의 낭만은 와인, 맥주, 커피까지 투명한 글라스를 쨍쨍 부딪쳐 가며 마시고 또 마시는 것이 아닐까. 영영 이렇게 더우면 어쩌나, 괜히 하늘만 올려다본다.

드디어 저 멀리 열차가 이글이글 타오르는 철로 위로 주둥이를 내민다. 시원한 객실에 앉아 에어컨 바람을 쐴 수 있겠구나. 순간 열차 창에 비친 얼굴을 보고 흠칫 놀랐다. 납작해진 정수리는 물론이요, 땀에 절어 붉어진 볼이며 몇 시간 사이 부쩍 늙수그레해진 이 우메보시 여인은 누구인가. 급한 대로 오른쪽 손가락으로 가라앉은 정수리를 사정없이 헝클어 볼륨감을 채웠다. 보기에 한결 낫다.

슬슬한 가을과 겨울이 아니었다. 커다란 생명력으로 살아 있는 모든 것을 요란 왁자하게 살찌우지만 동시에 쉽게 무르고 상하기 쉬운 계절, 또 한 해가 가는구나 하는 걸 여름을 보내며 짐작했다. 그쯤이면 거울 속 나는 조금 더 늙은 여자가 되어 있었으니까.

인 서방, 초롱이 서방. 엄마는 상견례 때 남편을 보자마자 눈망울이 물방울처럼 커다랗고 그렁그렁 환해 자기도 모르게 초롱아 불렀다고. 남편은 장모님이 손에 꼭 쥐어 준 '초롱 사위' 애칭을 잘 보이는 곳에 걸어 두었다. 용돈 봉투를 건넬 때 짧은 글과 함께 이름이 아닌 '초롱 드림'이라고 적는 것만 보아도 알 수 있다. 세상 모든 사랑 노래에 나의 이름을 넣어 부르고 화장실을 가거나 물 마시러 주방에 갈 때도 두 팔을 비행기 날개처럼 젖히고 가는 저 사내.

그럴 때마다 미간을 찡그리고 보다 높은 톤으로 목소리를 조율해 가며 당신의 앙증스러움을 칭송한다. 세상에! 이렇게 깜찍할 수가! 그러면 마흔 살 초롱이는 거봐, 나는 이런 귀여움을 간직한 사람이라니까. 막 그릇에 담긴 크림수프 같은 표정을 흘린다.

내 행복의 목격자, 촘촘히 연루된 자여. 사랑의 장면은 유창하기보단 유치한 편이 오래 기억되는 법, 끝내 뱉지 못한 웃음이 뱃속을 간지럽힌다. 모든 면에서 쿵짝이 잘 맞는 짝꿍은 아니지만 이런 순간을 마주할 때면 문득 사는 게 즐겁다. 우리 같은 빨래 건조대에 속옷 널어놓은 지 십 년째라고, 한 사람을 알기에 십 년은 모호한 세월일까. 결혼 후 무엇이 달라졌나 생각해 보니 덥네, 하면 그러네 하고 대답해 주는 초롱한 눈망울의 이가 있다는 것, 새삼 이번 생 당신 만나 사랑하고 결혼한 내가 기특하고 다행이다.

장 보고 집으로 돌아와 초록 부채 같은 근대잎 다듬고 바지락 살, 두부 넣어 된장찌개를 끓였다. 야들야들 여린 줄기가 곱기도 하지. 찌개 속 두부를 건져 열무 비빔밥에 으깨선 눈 감고 꼭꼭 씹어 먹는다. 이제 좀 살겠다. 대단히 단단한 마음 같은 것은 바란 적 없어, 상하지 않는 인생도, 여름도 없다. 그러니 폭격에 짓무르더라도 잘 먹거나 잘 자거나 둘 중 하나는 해내고 싶다. 느긋하게 식사한 뒤에는 냉장고에 미리 넣어 둔 올해 첫 백도를 꺼냈다. 요리조리 고개 돌려가며 폭 익은 여름 열매 하나를 그 자리에서 다 먹은 후에는 낮잠을 잤다. 일어나 노트북 자판 두드리다 말고 인기척에 뒤돌아보니 흰 백합이 꽃잎을 모두 떨구었네.

  나만 아는 내 여름이 잘 가고 있다는 소리.

작년 가을 이후로 이 만남을 얼마나 기다렸던가. 창밖으로 무궁화꽃, 아까시꽃, 도라지꽃 뭉개 흐르고 초록 팔레트 평야 위로 구름이 가득이다. 대전역으로 마중 나와 있던 그녀를 한눈에 알아보았고 큰 소리로 작가님, 외치고는 와락 팔짱을 꼈다. 머리가 더 짧아진 것 같아요. 귀밑으로 남실거리는 새까만 단발머리 끝을 만지니 나는 이제 긴 머리는 못 할 것 같다며 흐드러지게 웃는 소녀.

 선명하게 몸을 부풀리는 계절, 양산 하나 높이 치켜들어 해를 간신히 가리고 보폭 맞추어 걷는다. 여름과 겨울 중 어느 계절이 좋냐는 질문에 겨울보다는 여름이 낫다고 하니 그녀는 추위도 개운한 겨울이라며 식당으로 가는 내내 실랑이했다. 한참만이다. 얼굴을 마주하고 무람없는 대화를 나누는 게. 입속 레몬 서벗처럼 시간이 기분 좋게 사라진다.

 마흔을 갓 넘긴 여자 사람과 마흔을 향해 가는 여자 사람들의 대화에서 노화나 죽음 같은 주제는 이제 아무렇지 않게 등장한다. 주기적인 새치 염색과 일 년째 계속되는 치과 치료의 고단함을 토해 내느라 블루베리에이드는 이미 싱거워졌다.

  너는 최선을 다했어, 스스로를 너무 탓하지 마. 한결같은 대답의 온도, 조용한 응원을 보내 주는 이. 내 이야기를 두 눈 동그랗게 뜨고 들어 줄 때면 중요한 존재가 된 것 같은 착각에 빠져, 그게 너무 신나서 만날 때마다 매번 숨이 차고 헤어질 즈음에는 눈이 벌겋게 충혈되었다. 어느새 십오 년이라고 했다. 일로 만난 우리가. 못난 나를 들켜도 괜찮겠는 몇 안 되는 타인. 늘 그렇듯 작가님을 만나면 고백을 즐긴다. 크레이프 케이크를 한 장 한 장 쌓아 올리듯 부침 많은 마음에 위안을 얹어 주는 용감하고 희귀한 사람. 물색없이 떠들고 뒤돌아서도 체하지 않았다.

  올라가는 길, 손을 흔들어 주려고 단발머리 소녀는 거기 서 있었던 걸까. 기차 선팅이 진해 네 얼굴을 못 보고 간다는 메시지를 읽는다. 나를 한결같이 착실한 처자, 변치 않을 인연이라 치켜세워 주는 인연에게 어떤 슬픔의 그림자가 다가온다면 완전히 물리치진 못하겠지만 그 그늘을 한 움큼 뽑아 꿀꺽 삼켜 버려야지. 그리하여 언제까지나 작가님이 지이야 도레미파 솔, 솔톤으로 내 이름을 불러 주기를, 그것만을 바라고 있다.

장이 섰구나. 이사할 집을 보려고 처음 이곳에 와서 기차역 계단을 내려오며 보았던 알록달록 귀여운 풍경, 그 순간 아주 낯선 지역에 도착하는 것만은 아님을, 곧 이 도시를 사랑하고 의지하게 될 것임을 직감했다. 컵 떡볶이가 그렇게 맛있었다던 분식집과 NBA 농구선수 카드를 사기 위해 문턱 닳도록 오갔다던 문구점, 농구 골대 있던 역 광장과 유년 시절 살았던 장미 덩굴 빼곡한 빌라, 단독 주택, 아파트까지. 사랑하는 사내가 나고 자란 곳곳에 그의 추억이 퇴적된 도시. 그것만으로도 충분하다 여겼는데 이렇게 큰 규모의 오일장이 아파트 지근거리에서 열린다니 이건 분명 행운이겠지.

 오일장에는 직접 거둔 거위 알이며 통통한 둥글레 뿌리, 붉고 오돌토돌한 꾸지뽕 열매까지 신기하고 희귀한 식재료들이 툭툭 놓여 있다. 여름이면 조선호박을 들기름에 볶거나, 잘게 다져 만두소를 만들어 호박만두를 잘 해 먹는데 조선호박이라 해서 다 같은 것은 아니고 속이 은은하게 붉은빛과 노란빛이 섞인 호박이 특별히 구수하고 단맛이 좋다. 겉으로 봐선 알 수가 없고 순전히 감으로 사야 하는데 노인의 작은 좌판에서 그런 호박을 발견할 때의 기쁨이란.

 장에서는 더 이상의 에누리는 안 된다며 손사래 치는 상인과 조금 더 흥정의 기쁨을 누리고 싶은 손님의 실랑이를 엿듣는 재미도 크다. 호박이 천 원이면 싼 거지, 어떤 이는 급기야 혼이 난다. 나도 속으로 그러게요, 천 원으로 살 수 있는 게 많지 않은 세상이잖아요, 모르지만 알겠는 할머니 편을 든다.

 거뭇거뭇한 제주산 햇감자는 포슬포슬 찌거나 빨갛게 조림을 하고, 노지 부추는 끓는 물에 살짝 데쳐 무치면 달겠지. 사과 한 봉지에 만 원이에요. 생선 좋습니다. 오늘도 쏟아지는 말을 귓가에 모으며 삐뚤빼뚤 아무렇게나 걷는다. 장 구경을 실컷 한 날이면 밀싹처럼 기운이 쑥 돋았다. 즐거운 마음을 주로 장에서 배운다.

가는 철제 바구니, 바닥의 헤링본 무늬, 모래색 고양이가 그려진 리넨 키친 클로스, 오픈 주방의 지글지글 소리, 가벼이 냄비 뚜껑을 내려놓는 손가락, 바지락의 하품소리가 얼핏 들리는 듯, 세로 결이 오목한 유리화병과 투명한 웩 용기에 기다랗게 보초 중인 샐러리 피클 병정들, 나슬나슬 알파카 옷을 입은 티팟까지.

 모든 사물에 물렁한 시선이 머무는 아담한 식당의 귀퉁이. 지이야 나는 너를 자주 생각해서 그런지 오랜만에 만나는데도 어제 본 것 같아. 그래서 눈물이 나. 낡고 어진이여. 나는 당신의 하프 연주 아니 낮은 음 자리 같은 목소리에 조용히 흥분한다. 벌써부터 이 만남은 효험이 있다. 홀그레인머스터드에 비빈 삶은 감자알을 포크로 쿡 누르다 말고, 그런 기억은 왜 나를 선택했을까요. 다름을 우월함으로 착각하지 않고, 판단하기를 보류하고, 있는 그대로 받아들여질 때 나는 늠름해진다. 심장에서 꺼낸 말들 잔뜩 나눌 때면 기쁨의 기포가 보그르르르, 들추는 건 재미있구나. 끄덕이며 끈적해지는 지금 이 순간이 즐거워라.

뛰어가는 저 아이, 아이의 뒤꿈치는 건강하고 여름밤의 삽상한 바람이 참 좋아. 옆을 스치는 어린 연인이 양손으로 갑자기 얼굴을 가려, 그러면 나는 우는 게 아니라 웃는 거라 생각해야지.

노래방 가는 길, 오빠 접시깔깔이라는 버섯이 있대. 무슨 깔깔이? 접시깔깔이. 거짓말하지 마.

접시깔깔이버섯을 두고 껄껄껄, 끓인 술을 마시면 이상하게 나는 더 빨리 취하더라.

가끔 흥건하게 마시자고 꼬드기면 홀랑 넘어간다. 이길 마음도 없으면서 노래방 점수 내기를 하고 어쩌자고 당신들은 손가락 날로 가르마를 훑으며 느끼하게 머리를 쓸어 올려 마이크를 놓지 않아 어깨동무를 해, 그러면 나는 저 문을 열고 도망갈까.

나를 사랑하고 내가 사랑하는 사람들과 이 유장한 세월 어우렁더우렁, 어쩌면 이건 욕망의 최초 생김새.

한때 의욕적인 미식가를 꿈꾸었으나 요즘은 나날이 불통해지는 아랫배를 모른 체 하기 어려워 늦은 저녁 입이 궁금하면 아이스크림 대신 냉침차를 마신다. 여름 냉장고에는 항시 냉침한 차가 두어 보틀 있다. 과일 향이 선명한 차는 대부분 냉침해서 마시면 좋은데 특히나 에디션덴마크의 저스트 프룻은 호오가 없겠다. 차가운 물에도 잘 우러나는 차. 걱실걱실 수

더분하구나. 숭굴숭굴 까다롭지 않은 성정은 아무렴 타고 나는 것이겠지. 시간이 흐를수록 그 무엇이든 내세우기보다 자연스럽게 어울리고 싶다. 첨벙, 내겐 용감의 영역이다.

  이따금씩 관계는 어정쩡한 정적 속에 갇히기도 한다. 습관적으로 죄책하는 버릇을 나는 이제는 없애고 싶어라. 컵에도 따르지 않고 병째 냉침차를 벌컥이며 되뇌인다. 더 이상 우러날 마음이 없어. 나는 네게 빚이 없어.

외출하고 돌아와 땀으로 짭짤해진 몸을 미지근한 물에 씻는다. 어디서든 눈을 감고 깊게 호흡할 수 있다면 명상은 시작되지. 보디 클렌저의 만다린귤과 베르가모트, 제라늄 이파리의 향을 충분히 들이마시며 천천히 호흡한다. 복잡한 듯싶다가도 어느 순간에는 단순해지는 마음이라니, 심난한 와중에도 냉장고 속 차가운 수박 생각에 갑자기 흐뭇해졌다.

실패 확률이 적은, 아는 소비는 일상성을 유지하는 데 도움이 되니까. 이토록 상하기 쉬운 계절, 맛있는 과일을 골라 주는 이가 곁에 있다는 사실만으로도 더위를 마주함에 있어 여유가 생긴다. 집에 놀러 온 지인들이 과일이 꿀맛이라며 감탄할 때면 오렌지빛 인간이 되기도 했지. 과일가게 사장님이 골라 준 과일을 장바구니에 넣고 자부심 강한 상태로 출근하거나 퇴근하는 날이면 조금 더 상냥해진다.

전통시장 안 팥죽집, 분식집, 과일집까지 단골 가게가 있고 단골손님이 되어 본다는 건 뭔가 즐겁게 나이 든다는 기분을 선물한다. 느슨하게 꼬박꼬박 안부를 묻는 사이, 하루를 어렵지 않게 채우는 작은 관계들이 하나같이 귀엽고 소중하다.

7월 그 수박을 사버리자

수박을 사 버리자. 덩치가 커서, 달지 않아서 한 덩이를 사면 물릴 때까지 먹다 지쳐 결국엔 버릴 것 같아서 멀리하던 과일을 내 의지로 사러 간다. 크든 작든 시도해 보지 않았던 행동을 하는 것은 신이 나는 법. 특별한 진미를 탐하러 가듯 오늘 과일가게로 가는 마음은 진지하다. 사장님 뒤를 졸졸 따르며 세 번째 손가락으로 통통통 노크를 한다. 껍질이 얇고 잘 여문 수박에서는 맑간 북소리가 나는구나, 잘 익는다는 건 맑아진다는 거구나. 빨리 맛보고 싶어 조바심이 났다. 어찌나 무거운지 타월상점까지 들고 가는 동안 두 번을 쉬었다.

냉장고에 수박을 넣어 두고 거실과 주방 기물을 매만지다가 어질러 놓은 김에 옷방도 기웃거린다. 옷장이고 냉장고고 생활은 가까이서 보면 채우고 비우고의 반복이다. 많은 물건이 피로감을 준다는 사실을 깨닫고부터는 집안 물건을 예민하게 늘린다. 예전이라면 몰랐을 감정이다. 작년, 지난달, 어제의 나는 어땠나. 사물을 정리하듯 가끔 감정도 정리해 본다. 그러면 어설프더라도 질서가 생긴다.

영화 〈카모메 식당〉에서 사치에가 말했듯 '변할 거라면 좋은 쪽으로' 변하면 좋을 것이다. 가지런하게 정리된 옷가지를 바라보니 은은한 만족감과 뭉근한 기쁨이 차올라, 누군가 내게 자연스럽게 잘하고 싶은 일이 무엇이냐 물어 온다면 '정리'라고 대답하겠다.

정돈하는 삶, 여전히 정리에는 소질이 없지만 내가 벌려 놓은 인생을 그럭저럭 톺아보고 비질해 갈 수 있다면 더 바랄 게 없으리라.

햇살 넉넉한 제주 남서쪽에서 화산토로 노지 재배했다는 보우짱 밤호박이 도착했다. 서귀포시 대정읍 택배 송장이 붙어 있는 하얀 박스를 뜯으니 주먹 두 개를 합친 것보다 큰 것도 있고 주먹 하나보다 작은 것도 있어, 꼭 가족 같다. 할 수 있는 선에서 가장 좋은 것을 누리자. 내일 다시 채워 주신다는 믿음으로 가장 즐거운 마음을 꺼내어 살자. 제일 예쁜 모양을 골라 김 오른 찜기에 올린다.

소노 아야코의 산문집 『노인이 되지 않는 법』을 읽다 보면 이런 구절이 나온다. 약간의 목돈을 준비한 소시민이 가장 행복하다는 제테크 전문가의 말에 깊이 동조한다고. 자신은 생활에 불편함 없이 오늘은 장어가 먹고 싶다 온천에 가고 싶다 하는 일상의 소망을 이뤄 줄 정도가 가장 적당하다고.

앞머리에 헤어 롤을 말고 시원하고 조용한 거실 테이블에 앉아 수박을 오물거리며 골똘한다. 그러면 지금의 나는 얼마큼의 돈을 원해야 할까. 내 기쁨을 소홀히 대하지 않을 수 있을 만큼은 있어야 할 텐데. 당장은 올여름 고민하지 않고 수

박과 포도, 복숭아를 충분히 즐기고 나눌 수도 있을 만큼 필요하다. 그러고는 어디 보자. 92세 소노 아야코보다는 필요한 것이 많을 듯한데 아아, 열망한다는 것은 맹렬히 살아 있다는 확신, 이 다디단 기쁨을 오래도록 누리면 나는, 나는 좋겠다.

8월

기다리는 동안에는
외롭지 않으니까

온천욕을 즐긴 후 집으로 돌아갈까. 향낭 같은 이가 있는 단골 카페에 들러 청귤에이드를 마실까. 전철을 타고 좀 더 멀리 나가 볼까. 아니면 산책하고 존 버거 소설의 뒷부분을 마저 읽을까. 어떤 오후를 보낼까. 퇴근 후 집 방향으로 폴짝폴짝 뛰다시피 걸으며 이런저런 궁리를 하는 지금이 참 좋다. 몸과 마음을 자유롭게 움직일 수 있음에 고마움을 느낀다. 가능하면 내 삶이 흐리지 않을 때 자주 이런 생활 주심에 감사하다고 신을 찾아 고백해야겠지.

전철 시간을 확인해 보니 십 분 후 도착이다. 역으로 향하는 길, 고무나무며 몬스테라까지 작은 아이 키만 한 화분을 안은 초로의 사내들이 눈에 띈다. 열무잎만 삐죽 나온 푸른 백팩은 감탄을 부르고, 누군가 옆에 있다면 저 장면을 좀 보라며 법석을 떨었겠지. 아무라도 만나고 싶구나. 연한 바람이 좋기도 하고 맞장구가 더해진 기쁨을 누리고 싶은 날이다.

오늘 운수가 좋네. 오일장 날인 것에 비해 전철 안이 붐비지 않아 앉아서 간다. 언니 글을 읽고 심각해져 버렸다며 K에게 연락이 왔다. 책임지세요, 라는 문장을 읽다가 창밖을 보니 큼직큼직한 구름 떼가 시원해 보여. 그럼요, 흔흔히 책임지겠습니다. 어떻게 하면 될까요? 몇 해 전 가을, 열매가 배 속에 있을 적 부암동 환기미술관 담쟁이덩굴 앞에서 찍은 사진이 떠올랐다. 그날 기억하나요, 하면 그럼요, 기억하고 말고요. 그리운 순간을 떠올려 줄 이와 여전히 닿아 있다 생각하면 뭉클하지. 이번 생 나와 친구가 되어 주어 고마워요. 우리 오래 놀 수 있기를 바라요.

전철 타고 평택 너머까지는 처음 와 본다. 송탄역에서 5번 출구로 나와 천천히 걸어도 삼 분이 채 되지 않는다는 문장에서 용기를 얻었다. '천천히'와 '삼 분'은 친하고 친절해 보였으니까. 햇살에 반짝이는 리빙스턴데이지가 비스크 인형 드레스 같다. 걸어가는 길 바람이 어찌나 수선스러운지 리트리버 귀처럼 넓적한 목련 잎사귀가 쉬지 않고 펄럭였다.

너희들은 어느 곳에서 어떤 모습으로 살아갈 거니. 우아하고 실용적인 도구들을 눈에 담을 때면 뒤뚱뒤뚱 커다란 음표가 된다. 초대하는 마음이 깃든 열린 공간, 편집숍은 쉽게 목적지가 되어 주고 심드렁한 나를 작동시킨다. 사카숍(saka shop)은 기대했던 것보다 훨씬 흥미로웠다. 이유라면 희거나 말간 기물이 수두룩해서, 후쿠오카 여행 중 찍은 거라는 산의 일부는 두렵고 음직했는데 엽서도 좋지만 커다란 포스터로 만들면 근사하겠다고 두 팔 허우적거리자 그녀도 같은 생각이라고 했다. 후쿠오카는 가 본 적 없는데 저 산은 왜 낯익을까. 얼마 전 강원도 여행 중 대관령에서 보았던 침엽수림과 비슷하다는 이유겠다. 다른 산과 숲을 보아도 비슷한 감정을 느낀다. 어딜 가든 풀과 나무가 있다는 사실에 안도한다.

카페와 편집숍은 등을 맞대고 있다. 자연스레 카페로 발길을 옮겼다. 카페 오른쪽 한 켠에 나무 책장이 꽤 넓고 높다. 익숙한 제목들이 사이좋게 어깨를 기대고 있는 책장을 만나면 저도요! 번쩍 손들고 책 주인에게 말을 걸고 싶어진다. 식당, 카페, 쇼룸 할 것 없이 책이 놓여 있는 대부분의 공간을 편애한다.

책을 읽는 것도, 책 읽는 사람을 보는 것도 모두 즐겁다. 침대 귀퉁이에 두고 자기 전에 읽거나 아침에 일어나자마자 펼쳐 보는 행위를 어찌 사랑하지 않을 수 있을까. 차분하고 착실한 즐거움, 지루한 걸 못 참는 사람들이 책을 읽는다. 외로운 걸 못 참는 나 같은 사람도. 누군가의 이야기를 끊임없이 듣다 보면 적적할 틈이 없다. 덜 그립다. 책이라는 물성이 주는 우주적 안락, 가방에 립글로스와 핸드크림은 없어도 책 한 권은 꼭 있다.

크리스마스처럼

두께가 거의 느껴지지 않는 얇은 유리잔 가득 테두리가 뭉개지지 않은 단정한 얼음 두 알의 라임에이드는 깨끗했고 조심스러웠으며 완벽했다. 책장에서 헤르만 헤세의 『정원 일의 즐거움』을 꺼낸다. 한 시간만 놀다 가자.

사카숍에서는 두 손으로 들어 올려야 할 만큼 큼직한 구름색 볼을 구입했다. 물건을 구입할 때는 반드시 그 기물과 나 사이의 온도를 확인한다. 너무 뜨겁거나 차갑지 않은지, 오래 가려면 미지근한 편이 좋다. 조용한 편이 좋다. 오목함의 정도, 볼의 넓이와 색감 그리고 두께까지. 어떤 기물은 포기하지 않고 기다리면 만나진다. 그건 사람도, 장면도, 마음도 마찬가지일 거라고 믿고 있다.

배냇머리 같던 사월의 새순은 언제 이렇게 어른 잎이 되었을까. 짙푸른 느티나무 궁륭 사이를 시적시적 지나며 작게 여러 번 히죽거렸다. 지난여름 동생과 제주 곶자왈을 오를 때도 느꼈지만 초록은 아무리 넘쳐흘러도 위압적이거나 부담스럽지가 않아. 바람에서 비릿한 목초 냄새가 난다.

 포항 친정집에 다녀온 게 벌써 이 주 전이라니. 반팔 셔츠를 입고 출근한 지난주에는 가을에 걸칠 크림색 트위드 재킷을 장만했다. 코트만큼은 아니지만 재킷도 좋아한다. 그 겉치레들은 언제고 적절한 무장 상태를 만들어 주니까. 쓸데없이 시들지 말자. 구운 사과차와 만듦새 꼼꼼한 옷, 먼 나라 여행 계획을 세우며 다가올 계절을 준비하고 기다린다.

 귀엽지만 예민한 고양이 같은 남편을 두고 밤 산책 나서는 게 쉽지 않은데 오늘은 그가 없다. 수박 한 덩이 안고 돌아와 드라마 뒷부분을 마저 볼까. 여름밤 홀로 외출이라니 엘리베이터 버튼을 누르며 은근한 해방감에 들떴다.

 손톱 위 봉숭아 물처럼 붉게 당신의 즐거움이 내게로까지 물

든다. 외로워서 예쁜 사람들, 그래서 우리 마주 앉아 불콰해진 얼굴로 술도 마시고 노래도 부르는 거겠지. 언제든 집을 외치는 당신이 한 시간 이상을 달려 익숙하지 않은 호텔 방에서 잠을 청하면서까지 보고 싶은 얼굴이 있다는 사실에 안심한다.

 횃불 같은 접시꽃 지난다. 하고 싶은 걸 하고 살아도 괜찮아. 언제고 여름날 저 꽃이 보이면 신호 같다. 마땅한 크기가 없어서 수박은 사지 못했다. 대신 치즈색 고양이를 만나 나란히 걸었고 등도 쓰다듬어 보았지. 어깨 축 처진 빈집 대문 앞에 잠시 멈춰 멋대로 자란 대추나무 가지를 성의껏 흔들고는 반웃음 지었던 밤. 조그만 달빛에 대추나무 잎사귀가 윤슬처럼 술렁여 꿈인가 했다.
 해는 이미 저물었고 한참을 놀았는데도 늦었으니 집에 들어오라 재촉하는 사람 하나 없구나. 그래서 좋았냐 묻는다면 기다리는 중이라고 대답해야지. 기다리는 동안에는 외롭지 않으니까.

슬픔은 미아가 될 법도 한데 단 한 번도 그러질 않고, 그럭저럭 즐겁지도 우울하지도 않은 채 잘 살아 있어요. 이런 상태를 유지하기 위해, 이 선득한 행복을 옆에 앉혀 놓기 위해 품을 들여 뒤돌아보지 않는 연습을 합니다. 나는 지금 붉은 담장 너머 노란 해바라기를 기쁜 눈으로 올려다보고 은은하게 어두운 집으로 돌아가는 중이에요. 작은 태양 같은 석류 열매가 '나를 봐, 나는 곧 무시무시하게 붉어질 거야' 무시무시해진다는 건 뭔가 비장하면서도 귀여워.

영아. 혹시 너도 무시무시해질 거니. 머릿속이 뒤엉킨다. 동그랗고 뽀얀 얼굴을 가진, 빨간 립스틱이 잘 어울리는 아이, 열이 많아 찬 커피를 한 번에 들이켤 수 있지만 예의상 두 번에 나누어 넘기는 영이. 이곳으로 이사 오기 전 몇 해 우리는 같은 나무와 하늘을 보며 살았다. 봄이면 마곡사 늙은 천변으로 벚꽃 보러 가자, 가을이면 수덕사로 단풍 구경 가자며 손잡아 끌던 착한 영이. 어느 해 여름에는 그 애 시골 친정집 노르스름한 거실 바닥에 누워 아이스크림 봉우리를 핥다 까무룩 잠들기도 했지. 마당에서 앵두를 따고 작약이 예쁘다며 호들갑 떨었던 그날이 가끔 떠오른다.

부부 동반 모임에서 너를 처음 보고 이기지도 못할 술을 잔뜩 마시고는 나 영이랑 더 놀 거야, 망아지 인간이 되어 남편에게 생떼 부렸던 팔 년 전 겨울밤을 떠올리면 당장이라도 얼굴이 홧홧해지지만 아주 부끄럽진 않아. 누군가 너를 해코지할 것 같으면 꼭 전화하라고, 데리러 오겠다고 할머니 장례식장에 퉁퉁 불어 터진 나를 내려놓으며 영이는 말했는데. 그 말이 어찌나 더운지, 미더운지 꾹꾹 새겨 넣고 그 밤을 잘 버텼다.

후회만 된다고 여전히 할머니, 할아버지 꿈을 자주 꾼다고 말했을 때 너는 놀랐다고 했어. 하지만 알게 되었다고 낙과 같은 얼굴로 끄덕였지. 이제 네 차례가 된 걸까. 어른 같은 거 되고 싶다고 한 적 없는데 어른어른 그림자 흔들며 걷다, 뛰다 보니 여기까지 왔네. 사는 게 참 수행이다. 용기가 필요해. 뱅글뱅글 나선 계단 같은 생에서 만난 꽃씨 가득 지갑 같은 나의 영아. 우리는 다 가엾지. 그래서 예쁘지.

밥벌이의 고단함, 가장의 무게를 어째서인지 나는 자꾸 잊어버린다. 오늘도 비바람을 뚫고 상점으로 출근한 남편 얼굴을 떠올리며 다가오는 계절에는 조금 더 친절해지겠다는 다짐을 했다. 허약한 인간은 이번 여름 더위를 먹고 고열과 체기, 편두통에 시달렸는데, 그런 즉 자주 토라졌고 선의를 잊었다. 겉은 멀쩡해 보일지언정 속은 뭉크러져 곯아 버린 달걀 같던 날들, 더위를 많이 타는 시할머니는 여름에 죽었다 가을에 다시 태어나고 싶다는 말을 으레 했는데 이번 여름, 그 말을 제대로 이해하게 됐다.

박물관 카페에 앉아 쑥차를 마시고 있자니 주말도 아닌데 일요일 같다. 티 노트의 글을 읽는다. 섬진강과 지리산이 맞닿는 자리에서 피어난 여린 쑥으로 만든 차구나. 이 한 잔의 차에 얼마나 겹겹의 계절, 정성, 수고로움이 담겼을까. 황정은 작가가 『일기』에 썼듯 '어른이 된다는 건 무언가에 과정이 있다는 걸 알아가는 일'임이 분명하다. '그리고 그 과정을 알기 때문에 그것을 소중하게 여기는 마음도 늘어 간다'는 말도.

집에서 나오며 일기장과 노트북, 시집도 한 권 챙겼다. 느슨하게나마 원하는 방향으로 시간을 관리하며 산다는 느낌은 중요하니까. 카페에 머무는 동안 계획했던 일들을 어느 정도 해낼 수 있다면 뿌듯하리라.

여름은 가려는지 능소화 지고 줄기마다 대추와 무화과, 석류와 감 열매 볼록볼록 맺힌다. 나무에 대롱대롱 달려 있는 열매를 보고 있으면 어쩐지 행운아가 된 기분이 들지.

도로와 비탈, 담장을 구분하지 않고 기지개 켜던 호박 넌출도 마침내 전진을 멈추었다. 봄과 여름, 겨울을 한잔에 섞어 놓은 듯한 온도와 빛깔을 가진 계절. 이번 가을에는 또 어떤 신나는 일들이 기다리고 있을까. 살아 있다는 것이 긴 악몽처럼 무섭다가도 아직 정복해야 할 즐거움이 많다는 생각이 들면 마음은 성탄 트리처럼 반짝인다. 일단 주머니 가득 호기심과 감탄사를 챙겨서 조금 더 가 보는 수밖에.

뜨거운 물 좀 드릴까요? 한 번 더 우려드세요. 일상이 잔잔하게 흐른다는 것은 세상이 내게 비교적 호의적이라는 신호, 감사해야 할 순간이 따로 있다면 지금이 아닐까.

푹 젖은 풀 냄새, 드문드문 고사목, 그보다 더 드문드문한 얼굴을 몰래 감상하며 진길을 걷는다. 순간 풍경에 등장하는 두 남자아이의 천둥 같은 와아아아 함성 소리. 건너편 편의점을 향하는 중일까. 느그 마트 전세 냈냐, 곧 이어 붙는 할머니의 목소리에는 어쩐지 자랑스러움이 묻어 있다. 아이들을 보는 건 씨앗을 구경하는 일 같고 그 애들을 맡으면 어김없이 복숭아 냄새가 나지, 갑자기 포항의 리리자매가 보고 싶어 곤혹스러워졌다.

 잠을 충분히 자지 못해 시르죽은 상태, 허기와 졸음은 왜 늘 비슷하게 도착할까. 아빠가 일찍 돌아가셨구나? 그 명줄 딸한테 이어 붙여 줘서 오래는 살겠네, 머리는 좋은데 공부하기를 싫어해. 아작아작. 질겅질겅. 어제 상점서 타월 한 장 값 대신 사주 풀이를 해 주면 어떻겠냐는 빗살 무늬 토기를 닮은 중년의 여인에게 들었던 말을 내내 곱씹는다. 아니 자기 명줄을 왜 나한테 이어? 허락도 없이 마음대로 죽어 놓고? 내가 뱉은 말에 내가 베이는 건 흔한 일.
 붉게 무른 토마토 여남은 개를 뜨거운 물에 데치고 슬픈 기억을 벗기듯 껍질을 벗긴다.

한번쯤은 살아 보지 않은 인생을 부러워한 적 있지 않나요. 살가운, 딸바라기 아빠가 있는, 아쉽지만 일어나지 않은 일은 일어나지 않은 일이지요. 저녁 하늘은 가지처럼 부풀고 깜박한 대파 생각이 나 티셔츠에 팔을 집어넣는다. 가는 국숫발처럼 빗줄기는 끊기지 않고 그리움은 울창해지고 아무렴 밤의 우산은 얼굴을 숨기기에 제격이지.

얼마 전 발목까지 올라오는 회색 레인 부츠를 구입했다. 우산과 장화, 귀마개와 장갑 같은 계절과 날씨에 따라 필요한 작은 기물들은 생활의 적정 기분을 유지하는 데 요긴하다. 그 작은 배웅 덕분에 하루를 완전히 망치지 않게 되니까.

젖어도 상관없는 신발이라니, 참으로 기특하지. 닿아도 스미지 않고 미끄러지고 만다. 툭툭 털어 내면 그뿐이다. 아무 일 없었다는 듯 말간 얼굴, 그건 내가 평생을 걸쳐 연습하는 표정. 그래 '앞으로 어떤 사랑을 받든 우리 너무 놀라지 말고 체하지 말고 침착하자 앞으로도 어떤 무관심을 받든 우리'* 꼭 그러자.

---

* 권민경, 『꿈을 꾸지 않기로 했고 그렇게 되었다』 中 '침착하세요 조용하게 지내세요', 민음사

우리 손주 며느리가 내 마음을 어찌 이리 잘 알까 싶어서 나 울었어, 진짜야. 종이컵에 물을 그만 따르라며 손사래 치던 시할머니가 작정한 듯 빗금 많은 얼굴을 찌그러트렸다. 용돈 봉투에 쓴 '할머니 그저 건강만 하세요'라는 글이 고마웠다고. 언제고 울었거나 울고 싶은 상태의 울보들에게 약하거늘 옥순 할매가 울었다니, 시할머니가 그 조그만 눈을 끔벅거리며 금방이라도 눈물 쏟을 것 같은 표정을 지어 심장에 통증을 느꼈다.

 나 네가 써 준 글자를 보고 또 봐. 봉투 안 버렸어. 말하는 입이 영락없이 소녀다. 구순 노인은 이천만 원이 넘는 돈을 오랜 기간 모아 열 개가 넘는 임플란트를 심는 데 성공했다. 낳기만 했지 고생만 시킨 것 같아 미안한 자식들에게 손 벌릴 수 없다며 오직 당신의 힘으로 이를 해 넣었다는 것은 분명 자랑거리다.

 내 생활은 내 손으로 꾸려 간다, 그렇게 스스로의 존엄을 지키며 살아가는 내 잘난 옥순 할매, 할머니는 종종 커다란 소금처럼 보이지만 덕분에 그녀는 완전히 옹색해지거나 주눅 들지 않고 여직 잘 산다. 나는 그것을 기품이라 여겨 지켜 주고 싶다. 시할머니가 때 탄 마스크를 쓰고 상점에 들어오면 재빨리 벗겨 쓰레기통에 버리고 새 마스크를 귀에 건다. 절약하는 생활 좋은데 이런 마스크 하고 다니면 사람들이 싫어해요. 마뜩잖지만 수긍하는 눈치다.

앉자마자 요즘 무엇을 먹고 사니 묻는 이유는 존재 자체로 노상 기쁨인 큰 손주가 잘 지내는지 궁금해서. 그 아이는 어려서부터 주구장창 떡볶이만 먹었다고, 영양가 있는 음식을 골고루 챙겨 먹어야 한다는 말을 거듭한다. 그럴 때마다 그럼 나는요? 고개를 갸우뚱하며 응석 비슷한 것을 부린다. 그제야 그래, 너도 잘 먹어야지 우리 손주 며느리, 하며 객쩍게 웃는다. 분명 남편이 들었으면 또 군소리를 한다며 나무랐겠지만, 시할머니와 마주 보고 앉아 이야기 나누는 이런 시간도 반갑다.

호박잎도 쪄 먹고, 고등어도 굽고, 양지살 사다 미역국도 끓이고 해요. 든든히 잘 먹어요. 쌀은 조금씩 최근 도정한 것으로 사지요. 이이 내가 너 처음부터 예뻤어. 얼굴이 하얗고 동그라니 마음이 갔지. 그리고 너는 참 다정시러워. 할머니, 할머니 해 가면서 팔짱도 껴 주고 사랑시러워. 사람마다 맞는 자리가 있는 걸까. 옥순 할매와 함께 있으면 왼손으로 과일을 깎듯 매사 엉성한 나란 사람이 그럭저럭 괜찮게 느껴진다.

오늘도 내가 맡은 역할은 단 한 명의 청중, 두 시간째 누군가의 음모와 계략 혹은 죽음에 관한 이야기를 듣고 있다. 그녀는 지쳤다. 슬슬 완창의 기미가 보인다. 선택받은 청중으로서 마지막까지 예의 있게 행동해야 한다. 목마르시죠. 물 한 컵을 바람처럼 비워 내고는 홀가분한 듯 날숨을 내쉰다. 그 순간 보이지 않은 신에게 읍소해, 보고 계신가요. 저를 이렇게도 활용해 주시기 바랍니다. 들어 줄 귀를 잔뜩 준비할게요.

주름으로 조글조글한 손이 분주하다. 주섬주섬 가방에서 무언가를 꺼내는 시할머니. 생강사탕이다. 손주 며느리가 달가워하지 않을까 봐 이거 아주 맛있어, 너 주고 싶어서 가져왔어 라는 멘트도 잊지 않는다.

처음 이곳으로 이사 왔을 때 시할머니는 주로 생물만을 안겼다. 집게발 딱딱 부딪치며 거품 물던 꽃게는 어찌어찌 집으로 가져왔지만 박력 넘치는 메기는 도저히 엄두가 나지 않아 타월상점 근처 한식당 사장님께 드렸다는 걸 시할머니는 여직 모르신다. 그 귀한 놈을 아깝게 왜 남 주었냐고 지금이라도 아시면 등짝 스매싱을 맞겠지만 정말이지 그때는 별다른 방법이 없었다. 갈치, 동태, 조기 같은 만만한 생선 놔두고 메기를 고를 확률, 그건 활어처럼 대책 없고 대체될 수 없는 사랑이려나.

성성히 살아 있는 구십 세 옥순 씨는 무척 살갑고 너그럽게 웃어 주는 것을 즐긴다. 할머니, 할머니 쉬지 않고 부르면 귀찮아도 이이이 쉬지 않고 대답해 준다. 이런 표정으로 나를 바라봐 줄 할머니는 이제 지구에 그녀가 유일하겠지. 무뚝뚝하게 멈춰 있던 마음이 뱅그르르 돈다. 이거 너 주고 싶어서 가져왔어. 틈만 나면 도마도(토마토)와 오중아(오징어), 꽃그이(꽃게)와 붕아(붕어)를 내미는 옥순 할매. 부를 수 없는 명사라 여겨 안 쓰는 서랍 깊숙이 넣어 두었는데 결혼과 동시에 또 다른 할머니가 나타났다. 양순이 가고 옥순이 왔다. 할머니가 가고 할머니가 왔다.

처음부터 내게 마음을 열고 가족으로 환대해 준 사람. 언제든 상점 유리문을 밀고 두리번거리며 우리 손주 며느리 잘 있었냐고 보고 싶었다고 표현해 주는 시할머니.

나 이제 갈 거야. 사탕과 베지밀을 원탁 위에 조르륵 전시한 시할머니는 이제 손을 흔든다. 멀어져 팔랑팔랑 허연 나비처럼 보이는 노인을 배웅한다.

입추라는데, 벼꽃이 피었다는데 한여름처럼 뜨겁다. 이 돈으로 살 수 있는 꽃이 있을까. 상점 맞은편 전통시장에서 간식을 사고 거스름돈으로 받은 오천 원을 펄럭이며 근처 꽃집으로 향하는 길, 작은 기대로 들떠 있다. 인심 좋은 사장님은 꽃대가 서너 개나 달린 노란 장미에 흰 라넌큘러스까지 말아주셨다. 한 손에는 꽃, 다른 한 손에는 남편과 나누어 먹을 떡볶이를 들고 횡단보도에 서 있는 지금, 사람들의 옷차림을 구경하고 흘러가는 구름을 올려다보는 이 순간 누가 뭐래도 행복하지. 나를 위해 부지런히 꽃도 사. 머릿속으로 엄마를 떠올린다.

  상점 뒤편 공터에서 갈대도 잘라 꽂았다. 배고픈 곰처럼 허겁지겁 생활할 때도 있지만, 일상의 작은 행복을 소중히 여기며 가능한 범위 내에서 하고 싶은 행위를 하며 살고 싶다.

  손님이 드문 오후 시간 타월상점을 서성이며 엄마와 통화를 하는데 주차장으로 들어선 낯익은 노인은 나를 '지애야'라고 매번 틀리게 부르는 시할머니. 나를 발견한 노인은 큼지막한 미소를 걸고 이쪽으로 걸어온다. 우리 지애 있었구나. 사랑은 포기를 몰라, 할머니, 나 지애 아니고 지이라니까. 지이 해 봐요, 지이.

엄마, 시할머니랑 통화할래? 할머니, 우리 엄마랑 통화할래요? 아무도 당황하지 않는다. 사부인 안녕하시유. 할머니는 내내 나를 단장하는 말로 엄마를 기꺼이 기쁘게 한다. 얼마나 이쁜가 몰라유 나한테도 잘해유, 곰살맞아유. 스피커폰 너머 엄마가 꽃눈 터지듯 웃고 할머니, 내가 정말 그래요? 그럼 그럼. 선언하듯 당연하단 표정으로 내 쪽을 봐 줄 때 사부인, 안녕히 계시오. 정말로 고개까지 숙여 가며 내 엄마에게 인사해 줄 때, 참 좋은 가을이다 하고 하늘 보았다.

오후 네 시 상점에서 조금 일찍 나와 걷는다. 눈 돌리면 코스모스와 장미, 천사 나팔꽃, 늙은 감나무와 무화과나무, 느슨한 듯 활기찬 노인들을 어렵지 않게 만날 수 있는 순하고 영악하지 않은 도시서 살아갈 수 있음에 얼마나 다행인지. 가벼운 한숨으로 이 삶과 이 계절을 경탄한다. 시골과 노인의 리듬으로 키워진 내게 눈에 닿는 풍경이 부산스럽지 않은 이곳은 처음부터 거북하지 않았다. 그러니까 할아버지도 할머니도 없는 시골, 갈 수 없는 그 집을 더는 그리워하지 말자. 지이야 손 흔들며 갑자기 개다리춤을 추는 남편의 삼십 년 지기 친구를 길에서 만나기도 하는, 내 이름을 할퀴듯 부르지 않는 사람들이 살아가는 이곳이 고향이 되지 못할 이유가 무엇 있나.

 너는 왜 울고 있니. 호박 넌출 옆 분리 수거장에서 버려진 매트리스 아래 외투도 걸치지 않고 웅크린 채 흐느끼고 있는 아이를 보았다. 가까이 들여다보니 쓰레기봉투다. 어딜 가든 누구 곁에 있든 잘 지냈을 거라는 허술한 대답을 믿지 않았겠지. 몸이 가볍게 떨려 와, 상앗빛 햇살 아래를 천천히 걸으며 하는 말. 나를 양지로 꺼내 주어 고마워.

9월

손 많이 가는
반려 고양이

선풍기 앞에 앉아 젖은 머리를 털다 말고 헛웃음이 터졌다. 아침 출근길 생수를 마시다 말고 돌아서서는 왜 물을 끓여 주지 않느냐며 사랑이 식은 게 분명하다고 커다란 눈을 흘기는 게 아닌가. 결혼 십 년 차에 근지럽게 무슨 사랑 타령이야 하다가도 양치질을 어떻게 하기에 꼭 잠옷 앞섶이 다 젖어 오는 남편을 떠올리자니 그저 아이 같아.

 어제는 저녁상 물리고 나란히 앉아 텔레비전을 보는데 배가 덜 찼던지 나 밥에 김 싸줘. 오일장에서 사 온 파삭한 파래 김도 있겠다, 밥 꾹꾹 눌러 입에 공 던지듯 넣어 주었다. 이런 상황이 처음도 아니건만 민망했던지 지이야 네가 버릇 잘못 들인 거야, 우리 엄마도 이렇게는 안 해 줬어. 우물우물, 오물오물, 넙죽넙죽 받아먹는 그 입이 사랑받고 있다 말한다.
 여전히 이런 장면에 마음을 붙들리는 게 좋아. 이번 생 당신 사랑하지 않을 도리가 있을까.

 내가 끓인 물을 마시고 양말을 신고, 이불을 덮고, 꼭 붙어 살 비비며 자는 손 많이 가는 반려 고양이. 둥굴레와 옥수수,

작두콩 넣은 물이 요란하게 끓는다. 한 김 식힌 후 위태로운 유리병 가득 채워 당신 손 잘 닿는 냉장고 바깥쪽에 세워 두었다.

물 마시려고 걸어가는 뒷모습을 상상하며 창밖을 보는데 오래 쓴 붓 같은 꼬리를 가진 검은 개가 루비빛 맨드라미 너머로 사라졌다.

여우비가 내렸다. 땅바닥이 조금 젖기는 했지만 햇살이 비치고 부드러운 공기가 두 볼과 이마를 감싸는 것이 밝은 가을날이라 부르고 싶다. 목욕도 했겠다 조용하고 음악 없는 집으로 돌아가 슴슴한 차 한잔 마시고 낮잠을 자야지. 붉은 캉캉 치마 같은 담쟁이덩굴을 지나며 낮게 흥얼거린다. 주전자에 레몬 머틀잎 서너 장 띄우고 보글보글 끓이니 순식간에 거실은 상큼한 향으로 그득하고, 깨끗한 생활감으로 잘 구운 식빵 표면처럼 노릇해진 고재 티크 서랍장을 손바닥으로 쓱쓱 문지르면 정말로 고소롬한 냄새가 난다.

 더위를 앓고 난 혼적으로 보아야 할까. 힘들이지 않고 숨 쉬어지니 이제야 주변 냄새가 다감하게 맡아진다. 한 숨 한 숨 소중히 내쉬며 이 계절을 만끽해야지. 석양빛 차 한잔 들고 살금살금 테이블로 향하다가 희희 생각나는 것이 있어 냉장고 쪽으로 방향을 틀었다. 요 며칠 아껴 먹는 초콜릿 비스킷에는 라즈베리향이 배어 있다. 그래 뭐든 코로 맡아지는 것은 즐겁지. 새큼한 과일향이 축복의 말처럼 콧속으로 스민다. 또각또각 단숨에 깨물어 삼킬 수도 있지만 향부터 음미한다.

따뜻한 탕에 앉아 눈을 감고 복식 호흡을 하거나 물 아래로 소심하게 두 발을 첨벙일 때면 배실배실 웃음이 나, 인생의 번번한 가벼움을 위해서라도 상쾌함은 반드시 유지되어야 할 감각이 아닐까. 쿠키와 차처럼 상쾌함과 행복은 잘 어울리지. 살아가며 즐길 수 있는 행위가 한 가지 더 늘었다. 이 기쁨이 오래가기를 기대하고 있다.

목욕탕에 오면 우리가 아주 멀리 살고 있음을 실감한다. 바나나우유에 빨대를 꽂아 건네는 장면도 그렇고, 서로의 등에 보디로션을 발라 주는 엄마와 딸의 모습은 훈훈하지만 동시에 위축이 된달까. 충청도에서 학교를 다니다 방학이 되면 엄마와 언니가 살고 있는 포항에 가곤 했는데, 오랜만에 만난 엄마가 제일 먼저 데려가는 장소는 목욕탕이었다. 손톱 끝을 짧게 자르고 구김 없는 흰 아일릿 원피스를 입었다 한들 소용없었다. 엄마는 매번 등을 어찌나 세게 미는지, 그래도 한 번을 아픈 내색 안 했다. 씻김 당할 수 있음에 좋았으니까. 그리고 내겐 시골집으로 돌아갈 적에 '언니, 나만 엄마와 살아서 미안해' 연필로 쓴 편지를 몰래 가방에 넣어 두던 듬쑥한 여동생도 있었으니까. 그 애가 짧지 않은 세월 내게 쥐어 준 문장과 스티커 사진, 포항 집 전화번호가 새겨진 십자수 열쇠고리는 지금도 소중히 간직하고 있다. 가여운 행복의 흔적들, 가끔 꺼내 본다. 상자를 열면 눅눅한 새벽 공기 냄새가 난다.

나 가, 또 만나. 지진 난 심장이야 모르는 척, 열 살은 창밖의 두 사람에게 손 흔들며 확 웃어 버린다. 웅변대회 연습도 해야 해, 가족 신문도 만들어야 하고. 건넛마을 보건소에서 할아버지 관절약도 타야 한다니까. 엄마, 시골에서의 나는 바빠, 그러니 다시 나를 멀리 보내는 것에 대해, 우리가 함께 지낼 수 없음에 고개 숙이지 말아요. 어렸지만 어렴풋하게 이 상황이 우리를 대단히 손상시킬 수 없음을 알고 있었다. 우리는 멀어도 살아 있어 다시 만남을 기약할 수 있다고, 그러니 반드시 가벼워진다는 것을 믿자고, 이불 먼지 털어 내듯 슬픔을 툴툴 털어 버리는 사람이 되고 싶었다.

충청도의 나쯤은 깜박 잊고 살았으면 좋겠어. 엄마가 짊어진 무게 중 제일 가벼운 물건이 나이길 바라. 기도는 오래되었고 그래서 툭하면 걱정하지 말라는 말을 입에 달고 살았다고, 얼마 전 남편에게 이 말을 하다 갑자기 목이 멨다. 사실은 한 번이라도 좋으니 엄마가 입학식이든 졸업식이든 와 주었으면 했다고, 하지만 그때는 말할 수 없었다고. 그 시절 다 함께 살아 있기 위해 내가 할 수 있는 가장 철든 행동이었으니까.

입술 오므려 뜨거운 차를 후하고 분다. 갑자기 마음이 후해졌는데 쓸 곳을 발견하지 못해 당혹스러운 오후. 어디에다 대고 고백해야 하나. 두리번거리다 말고 완전히 마르지 않은 머리카락을 쓸어 올린다. 지금 이 순간에도 모래시계는 쉬지 않아. 검은 머리에 흰머리가 섞인다. 좋은 일과 나쁜 일을 섞는다. 하루가 간다.

시할머니는 지금 설탕으로 만든 사람. 단물을 똑똑 떨어트리며 자신에게 돌아난 즐거움을 모두에게 뽐낸다. 오랜만에 자식에 손자까지 우르르 꿰고 공원묘지로 남편 만나러 가는 길이다. 애미야, 이거 어떠니? 흰 비누 거품처럼 조용한 재킷은 오랜만에 꺼내 입었다고. 잠자리 날개 같은데요? 할아버지 보러 간다고 멋 부렸구나, 하니까 부끄러운지 비스듬히 웃어넘기고 만다.

갑자기 며느리, 그러니까 나의 시어머니에게 너는 참 멋있게 생겼어. 그냥 보면 오십 안 넘어 보인다니까. 싫지 않은 듯 붉은 나팔꽃 입술의 어머니가 엄마 내가 올해 몇인지 알아요? 나 육십 넘었어요. 운전석의 시아버지가 할머니에게 엄마, 또 왜 그래, 하며 핀잔을 주니 약 오른 시할머니가 눈을 흘기며 모르긴 왜 몰라 내가 얼마나 눈이 정확한 사람인데.

차 뒷좌석에 앉아 쉬지 않고 들썩이는 할머니의 두 뺨을 볼 적에 내 작은 못이 일렁였다. 과연 이런 순간들, 살아가며 해내야 하는 장면들. 성묘 후에는 산 중턱 카페에 둘러앉아 시원하고 단 음료를 마셨다. 엄마, 얼마나 좋아요, 이렇게 건강하셔서 다 같이 성묘도 오고. 나는 엄마가 안 아파서 좋아. 툭툭 건네는 시어머니 말에 사랑이 묻어 있다. 시할머니는 커피를 홀짝홀짝 넘기며 그럼 좋지, 너무 좋아. 올해 시할머니 추석 용돈 봉투에 뭐라고 썼냐면 에너지 드링크 사 오는 거 뭐라고 안 할 테니까 참지 말고 그냥 가져오세요.

누군가를 오래 생각하면 마음은 반성문이 된다. 몇 년 사이 할머니에 이어 할아버지까지 두 분 모두 떠나고 한동안 맵시 나게 걷고, 웃고, 말하는 것을 모조리 잊어버렸다. 아무도 나를 지나쳐 가지 않는 것 같아, 손가락질하고 힐난하는 것 같아. 네 탓이 아니라고 주변에서 비슷한 말을 구구단처럼 반복해 주어도 전혀 외워지지 않았다.

지독하게 스스로를 책망하며 살 수도, 사라질 수도 없어서 혼자일 때면 조용히 눈가가 짓물렀던 나날들. 다시 돌아간다 한들 달라질까. 공포의 축제장이었던 시골집을 간신히 빠져나온 터였다. 후회를 남겨야 한다면 남겨야지, 어쩔 수 없는 것은 그대로 두는 게 맞다고 시할머니 어깨 너머 구불구불한 구겔호프 케이크 산줄기 바라보며 입술을 씹었다.

그러다가도 이내 아니라고, 골무처럼 조그만 할아버지 곁을 나라도 지켰어야 했다고 마음 한쪽이 시든 상추가 되는 것 또한 어쩔 수가 없다.

동트고 희붐하게 날 밝아 오면 선물 상자에 둘러 있는 리본 끈 끄르듯 두근거린다. 찐 당근은 몸에는 좋겠지만 식감이 마음에 들지 않아서 많이 먹고 싶지는 않아. 매번 느끼는 거지만 이 접시는 올리브색 림이 참 고와. 어슬렁거리다 오자. 아끼는 접시를 닦으며 작은 다짐을 한다.

 달큼하고 순한 빛, 하늘에서 고요가 쏟아진다. 가볍고 포근한 날이다. 부신 눈을 감았다 떴다 하품을 하며 나만한 산책을 한다. 시원하고 산뜻한 기분, 넉넉한 품의 기다란 외투를 두르고 두 다리 움직일 때면 멀리 떠나고 싶은 충동이 인다. 경주도 가고 싶고 제주에도 가고 싶구나. 밝고 선명한 계절 한복판에서 용기는 쉬워진다. 그러나 가지 않고 가고 싶다 그저 말뿐인 데에는 가도 그만, 안 가도 그만이니까.
 가을이 그렇다. 이 계절에는 특별히 잘한 일도 없는데 칭찬받는 기분이 든다.

 공기에 마른풀 냄새 혹은 햇살에 은근히 노란빛이 섞여 들어올 때 아침저녁으로는 참을 만한 여름의 끝자락 즈음이면 올해도 다 갔구나, 가을 냄새를 품은 여름의 끝은 매번 절망적으로 아름다워서 한참이고 둥근 무릎 사이에 얼굴을 처박고 이토록 감탄과 한탄이 뒤섞인 계절에 낮잠 자듯 떠나면 좋겠다고 기도했다. 여름은 갔지만 속살거리는 미련만큼 남아 있고 가을은 아직 넉넉하기에 많이 슬프지 않은 지금이 딱이라고.

나여. 영원히 살고 싶은 마음과 언젠가는 사라질 거야 라는 두 가지 마음을 품고 사는 겁 많은 짐승이여.

카페 옆 중학교 담장 가득 이글거리는 장미 갈런드가 곱다. 라임에이드를 빨며 시뻘건 담장을 보는데 갑자기, 평화로운 생활은 내 안의 평범함을 인정하는 것에서부터 시작되는 거라고, 그래, 나는 무어야, 지루한 곤충이지. 그러니 자유롭게 사랑하고 즐기며 살자고. 산책하며 내린 결론은 언제나 마음에 든다.

가을입니다. 운동화 끈을 조이고 길을 잃어야 해요.

당연히 내 인생에는 지금도 크고 작은 사건들이 계속 일어난다. 얼마 전에는 선반을 옮기다 아끼는 안나리사의 유리 화병을 깼고 어제는 별스럽지 않은 일로 남편과 말다툼을 했다. 더위 때문인지 편두통에 속까지 울렁거리던 날, 짜증으로 기진한 여자는 말을 잃었고 주방 구석에 앉아 단호박 껍질을 벗기는 내내 입술을 깨물었다.

 가끔은 그를 정리되지 않은 서재 방구석에 치우고 싶다. 할 수 있는 게 없어서 이럴 땐 창밖을 본다. 그러다 발뒤꿈치를 주무르느라 저녁마다 분주한 손, 지난 이월 포항에서 고양이 장의사로 분해 엄마의 연회색 털뭉치 '먼지'를 수습하던 모습 같은 걸 떠올린다. 그런 순간들이 있었지, 좋았던 기억들로 순간의 기분을 버틴다.

 저녁으로는 싱거운 짬뽕을 투덜거리며 나눠 먹었다. 배부르니까 다 풀렸다. 드라이 있나요, 드라이? 출근길 세탁소에 들를 거라며 남편이 파파 스머프처럼 외친다. 세탁할 재킷과 셔츠, 스커트를 챙기며 환기도 시킬 겸 가을, 겨울 옷장도 열어 둔다. 부드럽게 몸을 감싸는 캐시미어 니트에 어깨를 짓누르지 않는 재킷을 걸치고 거리를 산책할 날이 곧 오겠구나. 청포도색 머플러를 쓰다듬으며 카페에 앉아 밀크티 홀짝거리는 상상을 한다.

허나 그러면서 생각해, 기다리던 가을이 온다 한들 뭐가 달라지나. 나는 또 나를 먹이고, 입히고, 재우고, 달래느라 잔잔히 야단을 떨겠지. 고만고만한 슬픔을 고단하게 돌보며 행복하게 살겠지.

안 돼, 이 아름다운 계절에 함부로 네 기분을 섞지 마. 꿀 콕 박힌 홍옥 한 조각 오물거리며 엉치뼈 다친 짐승처럼 어슬렁어슬렁 창밖을 본다. 바람에 부드럽게 휘는 풀과 나무를 가만 내려다보다 앙금이 가라앉는 소리를 들었다. 움직이자. 빨래를 개자. 양말과 수건을 차곡차곡 쌓아 작은 산을 만들고 식탁도 한 번 더 닦는다.

 새로 산 베이지색 플리츠스커트가 꽉 끼어 식사를 거르다시피 조금만 먹겠다 하니 살짝 뒤로 가 봐, 네가 투실해졌는지 아닌지는 내가 제일 잘 알지. 단호하고 낮은 톤으로 아니야, 괜찮아 라는 말을 나는 믿고 싶지. 기다려도 고도는 오지 않을 것이므로 이 계절의 명랑은 스스로 챙겨야 하기에 초콜릿 한 사발 마시고 운동화 끈 조인다.

 언젠가는 이렇게 두 발로 서기 어렵겠지. 걷는 것뿐일까 입고 먹는 모든 행위가 쉽지 않을 것이다. 그러니 지금 건강할 때 정성껏 누려야 한다. 면 타이츠에 울 양말까지 껴 신고 아침 산책을 제법 멀리까지 다녀왔다.

이제는 어느 곳이 콩밭이고 옥수수밭인지, 어디까지가 호박 넌출 누웠던 자리인지 알 수 없네. 겨울이 지척에 와 있지만 구절초, 채송화, 장미를 아직 본다. 지고 시드는 것들 사이에서 보이는 알록달록 선명한 것들을 가슴에 품으며 겨울을 준비한다.

　공들여 키운 몬스테라가 냉해로 얼어 죽어 시무룩한 큰며느리를 위해 식물이 놓여 있던 자리에 영원히 시들지 않는 조화 이파리를 붙여 두고 어머니와 키득키득 웃으셨다는 시아버지. 다음 날 사연의 벽을 보고 아버지 마음이 참 엉뚱하고 자상하다 싶어 간직하려고 사진도 찍어 두었다. 지난 여름휴가 때, 대신 타월상점 봐주시는 것도 감사한데 용돈과 함께 휴지로 감싼 언 생수를 손에 쥐어 주시며 공항 갈 때까지 마시기 좋게 녹았다, 한여름 분수대처럼 웃으시던 어른. 'Have a nice trip your father' 여행은 끝났지만 아버지의 필체가 보기 좋은 종이봉투는 여직 간직하고 있다.

　유독 춥거나 더운 날이면 우리보다 먼저 타월상점에 도착해 히터와 에어컨을 켜 두고 운동 가시는 것을 알고 있다. 센스는 사랑에서 시작된다는 것을 아버님을 통해 깨닫는다. 서툴고 무심한 사람이 별다른 고생 없이 지낼 수 있었던 데는 비바람을 막아 주고 울타리가 되어 준 어른들의 보살핌이 컸다. 겨우 겨우 뿌리를 내리고 나무가 자란다.

따뜻하고 어두운 집으로 돌아와서는 가스불 위에 돼지감자 차를 올려 두고 안방 베란다로 나가 올리브 화분을 햇볕 쪽으로 돌려놓았다. 긴 머리 질끈 묶고 거실 바닥 닦고 있으면 마음도 편하고 어느새 살짝 기분도 좋아져 있더라. 우리들 만날까요. 크고 작은 약속들이 발화하고 숨을까 나타날까 망설인다.

당신 굳이 내 발등에 발바닥 포개고 잘까 물으면, 지이 발은 오동보동하니까. 덕분에 나도 발바닥을 덮고 잘 잤어. 하늘에 상현달 휑뎅그렁하고 소슬바람 부는 가을 저녁. 오늘도 당신을 들여다볼 계획이 있어. 하고 싶은 이야기와 듣고 싶은 노래를 아낌없이 흥얼거리며 구김 없는 밤을 보내자.

10월

내 운명은
내 엉덩이만큼이나 무겁지

혹시 다람쥐야? 출근길 분주한 나를 향해 당신 하는 말. 언제든 가방에는 토마토와 포도, 고구마 같은 계절 간식이 담겨 있다. 입이 궁금할 때를 대비해 챙기는 주전부리지만 손님 혹은 이따금 아는 얼굴이 타월상점에 오면 내어 드리려 부러 넉넉히 챙긴다. 며칠 전에는 미용실에서 염색하고 오신다는 어머니에게 골드키위 한 알을 얼른 깎아 손잡이로 사용할 만큼 밑동만 남기고 손에 쥐어 드렸다. 이내 손님이 들이닥쳐 얘 일봐, 오물거리며 떠나는 뒷모습이 어찌나 귀여운지. 스스럼없이 받아 주는 이가 있어 나 또한 스스럼없이 건넨다.

 이건 얼마 전 박물관 파머스마켓에서 산 동양종 찰토마토, 감천 배, 토종 매옥수수차, 소금빵이야, 배는 노랗게 익으면 그때 맛보라고 하셨어.
 가방에 무엇이 들었는지 그는 궁금하지 않은 눈치지만 나는 멈추지 않는다. 그러다 얼굴을 빤히 보며 행복하냐 물어 오면 기분 좋게 들킬 수밖에 없지. 오늘 나의 행복은 간식 가방에, 당신의 행복은 이불 속에 있다. 이제 거실 중문을 닫아 그를 집에 가둔다.

그날은 호주머니를 샅샅이 뒤져 봐도 즐거움이라고는 찾을 수가 없어서 산에 오르기로 했다. 어깨와 목덜미로 흘러내린 머리카락을 뒤로 넘기며 널따란 숲 가장자리를 걸을 때는 잠깐 교회 안에 들어와 있는 듯한 기분도 들었어, 이 성스러운 순간을 온전히 향유할 수 있다면 얼마나 좋을까. 그렇지만 나는 멈추지 않는 나무 팽이처럼 머릿속이 어지러운 사람.

너무 많은 것을 갖추고 살아요. 행복해서 불안합니다. 가능한 한 건강하게 머물 수 있기를, 단정한 햇살을 지팡이처럼 쥐고 걸으며 곁에 있는 이들을 떠올렸다.

양치하고 오겠다던 남편이 입술에 치약 거품을 그대로 묻힌 채 다시 나와선 냉장고 자석처럼 무뚝뚝하게 안으며 하는 말, 지이는 나한테 참 잘해 준다니까. 솜사탕 같은 말을 붙여 놓고 화장실로 사라졌다. 전화기 너머 빵 굽는 화덕처럼 뜨거운 목소리로 억울함을 토해낼 때 내심 별일 아니라고 여겼다. 저녁을 지어 먹고 빨간 토마토 오물거리며 당신 좋아하는 노래를 내가 더 크게 따라 부르면 흔적도 없이 흩어질 일, 어제는 노랫소리가 새어 나갈까 봐 창문을 꼭 닫아야만 했다. 사랑은 떠나지 않고 지금도 우리 집에 잘 있다.

안국역을 지나 북촌 현대미술관으로 향하는 오르막길, 바람은 시원한데 해는 아직 뜨거워 베이글 봉지를 쥔 오른손 바닥이 반짝인다. 바지춤에 땀을 문지르며 정독도서관 즈음 왔을 때는 J가 떠올라. 빙글거리는 유리잔, 분홍빛 기색의 우리 둘. 몇 해 전 겨울, 농담처럼 와인 한 병을 홀랑 비우고 갈비뼈 아프도록 깔깔거리며 걸었던 이 길을 너도 기억할까. 안부를 묻고 싶은 계절이 돌아왔다.

 손차양을 거두고 들어선 상점에서는 계절에 어울리는 아로마 오일을 구입하고 싶었는데 아쉽게도 석 달을 기다려야 한다고. 십이월에 입고되어요, 울긋불긋 가로수 덕에 거리는 온통 아이스크림가게 같은데 십이월이라고 발음하니 금방이라도 함박눈이 쏟아질 것 같아 마음이 울렁거렸다.

 가회동 이목화랑엔 처음이다. 고요하게 고여 있는 초록과 눈 덮인 하얀 집 앞에 오래 서 있었다. 문을 열고 들어가 웅크리고 앉아 있으면 포근할 거야, 졸음이 쏟아지겠지.

 가 본 적 없는 이국의 숲과 지붕 앞에서 영원히 헤어진 장면을 떠올렸다. 노란 폭죽 같은 밤꽃 나무 아래 손바닥만 한 돗

자리를 펴고 앉아 할머니 할아버지와 찢어 먹던 풋고추 감자채 전의 맛, 무쇠 작두로 하얗고 기다란 가래떡을 썰던 할배의 정한 팔, 할머니가 반달 모양 참빗으로 머리칼을 빗어 줄 때면 스르륵 내려가던 눈꺼풀까지.

요즘의 나는 그렇게 쉰다. 문득문득 그리워하면서. 그럴 때면 얼굴은 쓸쓸함과 씩씩함으로 뒤섞이고 오른쪽 손목이 시큰하거나 어깨가 한쪽으로 삐뚜름하게 기울어졌다.

시달리지 않을 때야 익숙한 장면에 위안 받지만 고단할 적에는 낯선 풍경에서 위로받는다. 소복이 쌓일 감동이 필요해, 부러 독립책방과 카페, 전시와 공예숍을 오가며 양감 가득한 하루를 보낸다. 특히 미술관을 착실히 좋아하는데 홀로 숲 산책하듯 그림을 감상하다 보면 숨이 쉬어지고 기운이 솟는 걸 느낀다. 경외와 영감을 주는 작품들, 새하얀 벽과 낮은 조도에 머무는 적절히 적적한 분위기, 아름다운 긴장감으로 충만한 미술관은 비일상의 풍경으로 더할 나위 없다. 틈틈이 세상의 '빼어남'을 채집해 날것의 일상에 별사탕처럼 흩뿌려 둔다. 그러고는 다시 부지런해질 결심을 한다.

구석구석 알아봐 주어야 할 귀여움으로 가득한 서촌에서는 기꺼이 미아가 되어도 좋지. 순순히 방황할 기회를 준다. 윤기 나는 인왕산을 바라보며 낮은 건물 사이를 느긋하게 누빌 때면 단 한 번도 지치지 않았다. 오늘은 예쁜 걸 보고 예쁜 걸 먹어야겠어요. 이리저리 기웃거리다 보면 두 다리는 물론 허기도 잊어버린다.

  점심을 챙겨 먹으라는 다감한 메시지를 받고 나서야 때가 지난 것을 알았다. 청포도 덩굴 싱그러운 편집숍에 들러 제주섬에서 건너온 아라도예의 달 항아리를 수집하고 근처 이탈리안 레스토랑으로 넘어와 루콜라 페스토 파스타와 방아 꽃 수놓아진 감자샐러드를 꼭꼭 씹어 먹는 오후 두 시. 엄마, 하고 부르니 전화기 너머 그녀는 말 대신 열매 부스러지는 소리를 냈고 응. 나 지금 생율 먹고 있어, 다람쥐가 된 당신을 상상했다. 다함없는 사랑. 환하거나 깜빡이거나 내 세상에 전구 같은 사람. 지난밤에는 무슨 꿈을 꾸었는지, 오늘은 날씨가 어떤지, 농장에 무엇을 심었고 고양이 꼬비는 잘 있는지, 엄마와는 안전한 온도로 이런 이야기만 나누고 싶어라.

  붉고 상큼한 과일차 한잔 마시고 걷다가 걷다가 집으로 돌아갈 즈음엔 나 착해질까. 바람이 기분 좋게 이마를 할퀴고 노란색 외로움을 흥얼거리며 충분히 벙글거린다. 즐거웠던 오늘을 조금만 반성해야지. 살아 있다는 게 죄 같아서 자꾸 눈을 피하게 돼. 나는 갑자기 우는 사람을 이해해요. 하루에도 몇 번씩 산사태가 난다. 와르르 함몰된다. 특별한 일이 있어서라기보다는 자연재해다. 다행히도 내게는 피난처가 많고 가을은 계절 자체가 그렇다. 그러니 다가오는 시월에는 부지런히 하늘 사진을 찍자. 마주하는 모든 것들에 무수한 안녕을 건네며 탈수기 속 맹렬히 돌아가는 심장을 구출하자.

오늘 입은 셔츠는 반드시 구겨지고 걸은 만큼 발바닥은 닳아 버려, 은행잎은 연두와 초록을 지나 마침내 노랑이 되려 하고 신호 대기 중 사이드 미러로 단풍나무를 바라보며 알록과 달록 사이의 시간을 가늠한다. 은밀하고 꾸준하게 덧칠되는 삶의 결, 때때로 나는 모든 것을 의심하지. 잘 익은 홍시처럼 떫지 않은 찰나의 기분과 그럭저럭 잔잔히 흘러가는 시간 그리고 나를 둘러싼 세계와 사람들, 이제 막 마주한 미풍까지도. 불안이 잔향처럼 주위를 맴돌 때면 한번씩 손을 세게 쥐었다 폈다. 그러지 마, 네게 도착한 평화의 얼굴에게서 등 돌리지 마.

지이야, 사과 좀. 어머니가 부르시기에 제가 또 사과를 얼마나 잘 깎게요. 철퍼덕 앉아 돌돌돌 빨간 껍질을 오린다. 우리가 친하게 지낼 수 있겠습니까? 내 운명은 내 엉덩이만큼이나 무겁지. 나쁜 기적은 일어나지 않을 거야.

옥아, 애들 비행기 태워 입양 보내기로 했다며. 평택 호수에 남편 유해를 뿌린 지 얼마 지나지 않아 당신은 기묘한 소식을 듣게 된다. 시댁 어른들이 며느리인 엄마 모르게 입양 신고서를 작성해 두었다고. 충청도 외할머니에게 무슨 말이라도 전할까 싶어 전화기 코드를 뽑아 이불 속에 감춰 뒀더라. 순간 물을 쏟을 뻔했다. 들고 있던 잔을 놓칠 뻔했다.

1988년 서울 올림픽으로 온 나라가 떠들썩할 때 서른도 안 된 새파란 나이에 미망인이 된 나의 엄마는 표정을 다 내려놓고 그늘로 그늘로만 걸었으리라. 혈액암으로 투병 중이던 아빠는 자신의 짧은 생을 예감한 듯 엄마에게 힘들어도 딸들을 버리지 말라고 수시로 비명 같은 유언을 남겼다고. 버리지 마요, 라고 정말 그랬단 거지. 그래 나오지도 않는 목소리로 절대 버리면 안 된다고 계속 그러더라니까. 광대를 씰룩거린다. 뭐라고 우쭐한 기분이 드는 건지, 웃기고 슬프게. 가져 보았다는 흐뭇한 상상 속 흔적으로 이제는 잃어 보았다, 말할 수 있게 된 존재. 순하고 둥그런 그 품에서 나는 흰죽처럼 푹 퍼져 자거나 참새처럼 칭얼거렸겠지. 물렁물렁한 나를 세상에서 가장 연약한 손길로 안았을 사내. 가끔 쭈뼛한 용기로 당신을 불러 본다. 아빠, 하고 부르면 다시 그림자가 작아진다.

아이구, 저러다 죽겠다, 죽겠어. 아기는 작은 얼굴이 스러지겠다 싶을 정도로 매일 울었다고. 당시 우리 가족은 수원 매탄동의 어느 집에 세 들어 살았는데 주인집 할머니는 뭔가 사달이 나려고 애가 저리 밤낮 가리지 않고 악을 쓴다며 눈살을 찌푸렸고 그해 여름 아빠는 정말로 몸을 벗고 떠났다. 음력 칠월칠석, 견우와 직녀가 일 년에 한 번 만난다는 즈음이었다.

이따 오후에 딸들 데려간다고 동네에 소문이 파다한데 정말 몰랐니. 입양이라니, 누가 그래요? 어서 여길 떠나야 해. 도망치듯 그 집을 빠져나와 임시 번호판을 단 지만이 아빠의 새 차에 몸을 싣고 충청도 외할머니 집으로 출발했다. 내비게이션도 없던 시절 구불구불 흙길을 왕복 여섯 시간이나 달려 주는 마음은 어디서 비롯한 것일까. 갓난쟁이들 데리고 어떻게든 살아 보라는 응원이었겠지.

어떤 장면은 치워도 치워도 치워지지 않고 끈덕지게 다시 그 자리에 와 있다. 고요하고 교묘하게. 한동안 우리에게 일어난 습격, 폭격, 벼락 같은 그 사건에 대해 자주 곱씹었다. 뿔뿔이 흩어졌다면 지금 어떻게 살고 있을까. 그러면 심장이 쿵 내려앉아, 당장이라도 엄마와 언이를 부둥켜안고 얼굴을 부비고 싶었다. 답장할 수 있는 이 생이 얼마나 다행이냐고 나달나달해진 심장을 붙잡고 춤이라도 춰야 할 것 같았다.

  언제부터인가 나는 세련되게 가꾼 외모를 넘어 거대한 연민과 선의, 직감과 용기로 타인의 삶에 다정한 간섭을 하는 사람들에게서 우아함을 본다. 그들은 결코 방관하지 않는다. 기꺼이 연대하고 최선을 다해 상한 우리를 생의 안쪽으로 힘껏 밀어준다. 그런 존재는 얼마나 귀한가. 아침에 눈 뜨면 제일 먼저 머리맡에 놓아둔 돌멩이 유리 십자가에 눈 맞추고 묵념한다. 세 살배기 울보가 곧 마흔이 될 수 있도록 보살펴 준, 하늘 아래 있거나 없는 몇몇 얼굴의 평안과 기쁨을 위해. 그중에는 지만이 엄마도 포함되어 있다.

목욕 다녀오며 오일장에서 구입한 햇땅콩과 조선호박, 파프리카 네 알을 대충 부려 놓고 그 옆에 앉아 느긋하게 식사를 한다. 목욕, 오일장 산책, 낮잠까지 잤는데도 열두 시가 안 됐다니 조금 일찍 출근을 해 볼까. 신발을 신고 왼쪽 어깨에 가방 두르다 말고 고개 들어 거실을 보는 것은 습관처럼 하는 행동. 세월이 느껴지는 꿀색 나무 바닥에 들이친 햇살과 어깨 큰 식탁 위로 달랑 떠오른 크림색 빈티지 조명, 서랍장 위로 산만하게 널브러져 있는 장식품들이 내 눈엔 그저 애틋하기만 해. 프랑스 그림 작가 장 자크 상페의 작품 제목처럼 '사치와 평온과 쾌락'이 뒤섞인 오, 나의 집. 일상 속 아름다움을 감각하며 사는 일은 얼마나 중요한가. 가능한 한 범위 내에서 뾰족하게 좋아하는 기쁨을 누리길 원한다.

  햇밤과 수세미, 건고추와 복숭아, 꽃 핀 화분 같은 걸 눈에 담으며 걷는다. 출근길을 소중히 여길 수 있을 만큼의 에너지는 남아 있기를, 매번 일상을 오롯이 껴안을 순 없어도 바라볼 수 있을 만큼의 용기는 채워 주시기를. 출근길 기도는 한결같고 아직까지는 그런 날이 그렇지 않은 날보다 많았다.

바지락 칼국수 포장해 갈까? 타월상점에 출근할 때면 으레 남편에게 전화를 걸어 필요한 게 있는지 묻는다. 그러면 그이는 갑자기 칼국수나 혹은 라테 그도 아니면 씨앗호떡이 먹고 싶어진다. 그게 왜 귀여운지 정확한 이유는 알 수 없지만 그가 무언가 먹겠다고 결심할 때 나는 독특한 상태가 된다. 어깨가 올라가고 걸음도 빨라진다. 이 즐거움은 뭐랄까, 좀 각별하다.

포장한 바지락 칼국수를 받아 들고 나온 순간 횡단보도 신호등이 초록일 때면 야호를 외친다. 그래, 행복은 너무 거대하거나 많을 필요는 없겠지. 그저 이만큼, 붇지 않은 칼국수를 먹이고픈 이가 저기에 있어 도시 한복판을 백 미터 달리기하듯 질주하는 이 정도면 충분하다.

작은 트럼펫 같은 능소화는 뚝뚝 얼굴 떨구고 대추와 무화과, 청포도와 대봉감 영그는 가을 한복판, 힘든 내색 않고 조용히 결실을 맺는 자연 앞에서 끝끝내 해내지 못한 장면들을 떠올린다. 어떤 날은 수채화 같고 어떤 날은 수묵화 같았어. 매일의 최선은 다르고, 날씨와 계절에 따라 쉬이 달라지는 컨디션에도 살기 위해 분주했던 작은 움직임들이 있었다. 때때로 찾아오는 권태와 좌절은 재채기처럼 자연스러운 것, 충분한 나에 이르지 못했더라도 화내거나 실망하지 말아야지. 하루가 커피잔 속 얼음처럼 사라진 것이 아님을, 나름의 최선이 있었음을 스스로는 안다. 얘, 그렇지만 너도 알다시피 가을은 누구에게나 찾아오는 시절은 아니지 않니. 눈앞에 있는 작은 일부터 정성스럽게 하자. 오후의 가느다란 햇살 아래 젖은 신발 끌며 휘파람 분다.

어제저녁에는 숲에서 주워 온 상수리 열매로 공기놀이를 했다. 우리 참 귀엽게도 살아 있구나, 내심 그런 생각도 하면서. 맞은편의 남편이 다 자란 손바닥 안으로 동그란 알 모으는 것을 두 눈 반짝이며 지켜보았던 밤. 유치한 기쁨으로 가득했던 지난밤을 잊지 못할 것이다.

 할머니, 나는 오늘 칠흑 같은 포도알을 똑똑 떼어 먹고 웅크린 채 따뜻한 잠을 자고 오렌지빛 맨드라미를 손질하며 부러울 것 없는 오후를 보냈어요. 당신을 영영 잃었다는 사실도 계절이 흘러 어느덧 시월, 가을의 한복판이라는 사실도 믿기 어려워요.
 앞으로도 이렇게 계속 믿기 어려운 것들과 믿기 어려운 채로, 아침을 만들어 먹고 꽃을 다듬고 타월을 접거나 산책 나설 계획을 세우며 살아가겠지요.

 카스텔라처럼 노릇노릇한 들판을 지나 납골당으로 향한다. 딸꾹질이 멈추질 않아, 몇 해 전 여름 할아버지를 보내며 이곳에 왔었건만 초행길인 양 낯설다. 하늘과 가까운 곳에 있구나.

그때는 슬픔에 감전되어 아무것도 보지 못했다.

언젠가 영이가 맛있었다고 했던 게 기억이 나 빵집에 들러 조린 밤이 가득 든 식빵을 샀다. 그때의 나처럼 너도 얼굴이 다 젖었겠지. 떠난 자리는 춥고 추울 땐 달콤한 빵이 위로 되더라. 빵을 떼어 먹는 그 순간만큼이라도 슬픔이 잦아들기를. 납골당에 다녀와서는 안희연 시인의 '슈톨렌'을 다시 읽었다. 영아, 정말이지 우리의 슬픔은 '약한 불에서 오래오래 졸이면 얼마든 달콤해질 수' 있을까.

아슬아슬 죽음의 눈을 피해 산다고 생각하면 온몸에 새벽 서리 앉은 듯 차가워. 구름 사이로 이따금 거대한 빛이 쏟아지고 때마다 영혼에 깃드는 것은 무엇일까. 딸기우유색 반팔 셔츠를 꺼냈다가 도로 옷장에 숨겼다. 답답하고 다정한 사람들과 오래오래 살고 싶어요. 산호색 고운 신 신은 산비둘기가 정면으로 날아왔다 사라졌고 삼킨 침에서는 모래 맛이 났다. 슬리퍼 바닥에 차가운 기운이 고이는 산책길이라니, 여름이 가려고 한다. 지금 이 순간 서운한 것은 그것뿐이면 좋겠다.

가능하면 낮에 잠을 자요. 착실하게 많이 자는 생활을 합니다. 개운하게 한숨 푹 자고 일어나면 기분은 한적한 가을 호수 공원을 거니는 것처럼 가볍고 상쾌해지거든요. 그리고 내 경우 반드시 착해졌습니다.

 나는 나를 둘러싼 세계를 예뻐하려고 낮잠을 자요. 물컹해진 과일을 알아보려고, 상하기 쉬운 마음이 있음을 눈치채려고 잠을 자요. 심보선 시인은 시 '삼십대'에서 산책을 '종교'라 표현했는데 암만 그래도 낮잠이 최고라며 침대에 누워 희희희 흘리는 웃음이라니.

 얼굴의 모든 문을 닫고 한 시간 정도 지났을까. 작은 죽음에서 깨어났는데 아무 일도 일어나지 않았다. 그저 왼뺨에 구깃구깃한 자국만 남았다. 잠을 눈두덩이에 어깨에 발끝에 매달고는 주위를 둘러보며 안전하다고 평화롭다고까지 느낀다.
 두 무릎 일으켜 세운 뒤 늘어지게 하품 한번 하고 기지개 켠다. 거울 속 나는 진줏빛 블라우스를 입은 것처럼 대단히 환해, 잠깐이지만 압정 같은 슬픔도 흐려진 듯하다. 그리고 잠은 낮잠은 맹렬히 키를 키우는 허무함, 서글픔도 재워 주었다. 역시 낮잠은 즐거워.

여태껏 우리는 단 한 번도 사이가 나빴던 적이 없다. 가끔 아픈 꿈에서 깨어날 때면 무릎 꿇고 바닥을 닦았다. 용서하세요, 아니 벌하세요, 떳떳하지 못하게 우물거리며.

고요하기만 한 날들이 어디 있나. 그러니 더욱 두 다리 뻗고 낮잠 잘 여유 주어진 생활에 감사할 수밖에. 타월상점에 있다가도 남편과 교대 후 집으로 돌아가면 낮잠을 자야지, 천연한 계획 하나에 힘이 솟았다. 여행지에서도 짧게는 삼십 분, 길게는 한 시간 정도 낮에 잠을 잔다. 기차, 비행기, 장례식장 가리지 않고 등만 대면 코 고는 쉬운 인간이라 얼마나 다행인지. 잡념보다 더 많은 잠을 허락한 신이 있어 나 아직 살아 있다. 산다는 건 끝없이 자고 일어나도 달라지지 않는 상황을 받아들이는 것. 원치 않는 불안이 독처럼 퍼질 때면 눈부터 감았다. 일어났을 때는 최선을 다해 삶을 중얼거리고.

일어나 반쯤 무너진 생크림 케이크와 사과 한 알을 하얗게 깎아 먹고 책도 읽고 글도 쓴다. 그러곤 때 묻은 운동화 신고 울타리 넘어 수선화와 동백, 라일락과 할미꽃, 동백꽃의 안부도 물을 겸 산책 나설 적에 할머니, 나 얼마나 충만한지 알아줘요.

'밥을 안치는 것도 국을 끓이는 것도 빨래를 너는 것도 과일을 씻는 것도 숭배의 일부임을 알 것 같다.'* 이제는 푸성귀 다듬는 일이 마음 다독이는 행위라는 것을 일러 주지 않아도 알지. 기다란 정적과 마주 앉아 발그레한 시금치 뿌리를 쪼개는데 며칠 전 남편의 말이 떠올라. 배가 너무 부른데 어쩌지. 노래 불러, 노래를 부르고 있어 라고 그는 말해 주었는데 배부르면 노래 부르라는 그 말이 꼭 노래처럼 들렸다. 내 기분 좋으니 다 좋게 들렸겠지. 지친 사람은 철 지난 채소처럼 억세지고 하늘 대신 땅을 내려다본다. 내게는 낮잠인 것이 당신에게는 무엇일까. 그것이 무엇이든 차곡차곡 기댈 수 있기를 바라고 있어요.

* 김소연, 『빛들의 피곤이 밤을 끌어당긴다』 中 '보은', 민음사

늦은 밤, 옷도 갈아입지 못한 채 가스레인지 앞에 섰다. 고소한 냄새를 풍기며 노랗게 부풀어 오르는 계란말이를 내려다보며 나를 위해서는 결코 하지 않을 일이 왜 당신을 위해서라면 하게 될까. 뒤집을까 더 익힐까 오직 한 가지 생각만 하면서 서 있는 이 몇 분.

 사랑 뭘까. 이것을 사랑이 아니라고 말할 수 있을까. 적당히 귀찮은 이 반복이 즐겁지 않다고 말할 자신이 없다. 하루 종일 타월 접느라 피곤할 텐데 주방에 서지 말라며 바람처럼 아우성 치던 사내는 온데간데없고 달걀말이 한 접시를 저 혼자 다 비운다. 후식으로 토마토를 썰어 내오니 뚝딱뚝딱 뭐가 금방 나온다며 실실 웃는 왕눈이 백상아리. 오늘이 진짜 결혼기념일이라고 생각하자.

저기 전화 좀 받아줄 수 있어요? 칠십대 중반으로 보이는 빨간 외투 차림의 까마무트름한 할머니가 열어 놓은 타월상점 유리문 근처에 서 있던 여자 손님을 향해 말을 건네지만 어쩐지 그녀는 무심하게 고개를 돌린다. 분명 도움을 요청하는 눈빛, 여기가 어딘지 이 사람에게 말해 줄래요? 핸드폰을 받아드니 아이고 고새 사라졌네 고새 사라졌어 그 사람이 치매거든요 치매. 거기가 어디예요. 순간 심장이 쿵 떨어져, 다 큰 어른의 젖은 목소리에 덜컥 겁이 나, 최대한 침착한 척하며 여기 타월가게인데요 어르신 모시고 있을 테니 이쪽으로 물어물어 찾아오세요.

계시는 기차역과 멀지 않아요. 전화를 끊고 노인을 상점 안쪽으로 모시려 했지만 주차장에 쪼그리고 앉아 고개만 절레절레, 해는 저물어 어둡고 저 콘크리트 턱을 넘기만 하면 차가 쌩쌩 내달리는 2차선 도로인데, 안절부절못하길 십여 분쯤 됐을까.

상점 오른쪽으로 체크 재킷을 깔끔하게 차려입은 노신사가 등장한다. 저분이구나. 고태미가 느껴지는 어른, 스스로 무엇이 잘 어울리는지 아는 이의 차림새. 좀체 격식과 약속을 어겨 본 적 없는 듯한 몸짓. 할머니 저기… 하고 입을 떼기도 전에 그녀는 이미 여봐란듯 할아버지의 품에 안겨 있다. 원망과 애정이 섞인 금방이라도 눈물이 쏟아질 것 같은 목소리로 등을 토닥이는 할아버지. 그러거나 말거나 할머니는 고마웠어요 손을 흔들며 바람에 흔들리는 애잎처럼 앙글앙글 웃는다. 아이구야 우야든동 찾았으니 됐다 됐어. 하얀 칼국수 먹으러 갈까?

횡단보도를 건너 뒷모습이 보이지 않을 때까지 오래오래 바라보았다. 과정이라는 애정, 이 순례에는 용기가 필요하다. 아름답게 부서질 수 있을까. 우리 좋은 계절이 아니더라도 좋은 계절이 오지 않아도 만나자.

가는 길에 궁금했던 한옥카페에 들러 보늬밤 아이스크림을 맛보고 숲길을 좀 걷자. 그러면 열기구 탄 듯 기분이 붕 떠올라 어렵지 않게 웃고 마실 수 있을지 몰라.

　뭐 하냐고 묻기에 보다시피 나는 지금 고른 기분이 되기 위해 오렌지빛 마리골드꽃을 손질하고 있지. 무슨 옷을 입고 가야 할까 물으니 야구 중계에 정신이 팔려 그저 편하게 입으면 된다는 말이 돌아온다. 알다시피 나는 편안하지 않은 이들 틈에서 편안해 보이는 차림이 내키지 않는걸, 대답 대신 창문을 열고 스스로 활기를 부추긴다. 건조하고 뜨듯한 바람이 식욕을 자극해 머릿속으로 감자 샐러드로 속을 채운 모닝빵과 사과주스를 떠올렸지만 그만두었다.

　사람들과 어울릴 때를 기다리고 또 막상 마주하면 즐거워도 하지만 내키지 않을 때가 있어, 식기 건조대에 가득 쌓인 그릇을 맞닥뜨린 듯 주춤한다. 결정했으니 지금부터는 후회를 덜 남기는 판단을 하기 위해 '만약에'로 시작되는 상상을 할 차례. 그래 당신 기쁘게 하는 일, 오늘 중요한 일은 이거 하나라고. 잡목처럼 돋아나는 생각을 억지로 멈춘다.

타인이 보는 나는 어떤가. 오래된 교회 같은 단정함, 유들유들한 분위기, 목가적 말투 혹은 나긋나긋한 몸가짐을 원한 적 있다. 보아 주었으면 하는 것은 욕심일까 즐거움일까 외로움일까. 아마도 그 모든 것이겠지.

11월

'그래도'로 시작하는
몇 개의 문장

사진 찾아가세요. 사진관 쇼윈도에 걸려 있는 주인 잃은 가족사진 하나. 세상에 없는 나의 남편이 딸아이를 무릎에 올린 채 저리 웃고 있다. 액자를 발견하고 발걸음을 멈추었을 여자. 그때 엄마 나이가 스물여덟이라고 했던가. 느티나무와 산딸나무 잎사귀가 쉬지 않고 유희하는 오후. 나무 그늘 아래 서서 엄마의 그늘을 생각한다.

슬픔을 지나온 힘이 무어야? 너희들이지. 소중한 것을 지켜낸 이의 음성에는 나이테가 있다. 산다는 건 기쁨 못지않게 슬픔을 전시하는 일이고 순전한 귀를 숨기고 사는 걸 거야. 뒤뚱거리다 넘어지긴 하겠지만 완전히 멈출 수 없는 마법에 걸렸다고 생각하자.

묵직한 주황빛 알맹이. 요 며칠 아침은 대봉감의 안부를 묻는 것으로 시작한다.
당신의 끈질긴 사랑 덕분에 이토록 달콤한 열매를 누리며 사는구나. 엄마가 있다는 건 내 웃음과 울음 끝에 서 있는 사람이 있다는 것, 엄마를 보듯 감을 본다.

그럭저럭 자란 나는 당신의 보란 듯한 영광이자 살아 냈다는 흔적, 두 발로 걷는 지문.

 나른한 듯 눈을 감고 빗금 많은 입만 씰룩거리는 얼굴은 벌써부터 죽는시늉을 한다. 팔 거죽 위로 허연 살 비늘이 반짝일 때면 어깻죽지가 축 처져, 조금 더 번듯한 인간으로 자랐어야 했을까. 당장이라도 그녀의 더 나은 미래가 되고 싶다는 욕심과 좌절감에 무릎이 저렸다.

 얘는 손녀가 아니라 내 딸이에요, 딸. 4층 투석실로 향하는 엘리베이터 앞에서 마주친 간호사 선생님에게 할머니가 하는 말. 맞아, 할매가 유치원 졸업식이며 대학교 입학식이며 다 따라다녔지. 순간 나를 훑는 낯선 눈동자. 요양병원 올 때는 잊지 않고 입술을 칠한다. 옷매무새를 신경 쓴다. 내가 손녀가 아닌 딸이라면 저물어 가는 그녀에게 무엇을 해 줄 수 있을까. 사랑하는 사람아. 내 무엇을 팔아 당신을 다시 춤추고 노래하게 할 수 있나.

 사진 속 할머니는 검붉은 빛이 묵직하게 흐르는 투피스 차림이다. 그녀는 그 옷을 베르도, 베르도라고 불렀는데 나중에야 그 옷감이 벨벳이라는 것을 알았다. 어린 내가 보기에도 그 옷을 할머니보다 아름답게 소화할 수 있는 다른 어른은 없었다. 우리 함께 살 적에 고달픈 일 많았지만 나는 할머니가 마을서 제일가는 멋쟁이였다는 사실을 떠올릴 때마다 함빡 기쁘다. 철이 바뀔 때마다 시내 양장점에서 스커트와 재킷을 맞추고 어울리는 가방과 구두를 장만했던 할머니, 당신이 그런 발랄한 조각도 가져 보았다는 것이 내게는 기쁨이고 위안이어서 마음이 한결 낫다. 여인의 삶에서 사치라든지 욕망이라든지 하는 것은 그저 데면데면할 수만은 없는 일, 내 양육자로만 살지 않았을 거라는 요망한 착각이 나를 덜 아프게 했다.

170센티미터에 가까운 키, 너부죽한 얼굴 위로 쌍꺼풀 없이 옆으로 쭉 찢어진 눈, 단단한 입꼬리와 야물딱지게 쪽진머리. 강단, 호탕함 같은 단어는 그녀와 어울렸다. 논과 밭, 슈퍼도 모자라 근처 공사장 인부들에게 점심까지 해 먹이며 억척을 떨었던 여인은 여느 채신없는 노인과는 달랐다. 할머니의 오른쪽 호주머니에는 늘 지폐가 두둑했다. 엄마가 매달 꼬박꼬박 보내오는 생활비까지, 배고픔은 모르고 자랐다. 고마운 일이다.

시골집 거실은 사계절 내내 곡주를 마시거나 담소 나누는 어른들로 붐볐는데 특히나 타작 끝나고 찬바람 불기 시작하면 작은방은 복작복작 너구리 소굴로 변했다. 순하고 늙은 사람들이 낙엽 냄새 폴폴 풍기며 묵은 엉덩이를 붙이고 앉아 카키색 군용 모포 위로 느티나무 윷을 던질 때, 그게 뭐라고 기꺼이 가까이에 앉아 윷의 움직임을 보거나 늙은 사람들의 홍건한 표정을 보는 게 그리 좋았는지. 걱정 마, 여기서는 살려 달라고 외치지 않아도 돼. 뭐라 콕 집어 설명할 수 없지만 담배 연기 매캐한 그 방에서 안전함도 느꼈다.

평소에도 음식을 도저히 조금 만들지 못하던 할머니는 끼니때가 가까워졌다 싶으면 마당에 양은 솥단지를 내걸고 마을 잔치를 해도 될 만큼의 떡국을 끓이거나 국수를 삶았는데, 작은 나도 거들겠다고 자주색 꽃이 그려진 쟁반을 들고 계단을 오르락내리락하면 거기 고여 있던 할매, 할배들은 모락모락 김 나는 그릇은 당최 안 보고 그걸 상에 내리는 내 손과 얼굴만 번갈아 보며 아이고 기특하다, 아이고 곱다, 아빠 죽어 어떡하니, 엄마랑 떨어져서 어떡하니, 차마 불쌍하단 말 못 하고 작은 인간에게 사랑만 덥석덥석 물려주면서 착하다, 이쁘다 그 말만 했다.

노인들 틈에 한자리 차지하고 앉아 맛동산을 깨작거리고 있으면 열어 놓은 창문 너머로 조용히 감나무 가지 흔들리고,

까무룩 졸음 쏟아질까 말까, 그 야단스럽지 않던 복닥거림을 지금도 소중히 간직하고 있다. 구아슈 물감으로 그린 꽃뭉치처럼 언제든 봄이라 불릴 기억, 압화처럼 선명한 잔상, 돌아보면 언제나 환한 기분이 이긴다.

그녀가 없는 세상에서 나는 앞으로 어떻게 될까. 꼬리뼈 다친 캥거루처럼 제대로 앉거나 서지 못하게 되려나. 할머니는 서서히 사라지는 중이다. 밀랍처럼 누워 있는 할머니를 볼 때마다 발밑의 얼음이 조금씩 갈라지는 기분이었다. 내가 당신 손녀딸로 불릴 날이, 당신이 내 할머니로 살아갈 날이 얼마 남지 않았음을 점점 더 또렷하게 예감했고 그러면 식은 밥처럼 주눅이 들어서 벌컥 눈물을 쏟았다. 이럴 순 없어요. 어떻게 이래요. 잠들지 못하는 밤이 이어졌고, 그때마다 집 근처 동산에 올라 금태처럼 벌건 눈으로 줄넘기를 했다.

물기 꽉 짠 타월로 무명 같은 몸을 닦으며 우리 할머니 오늘 잠 잘 오겠네, 벙실대던 저녁을 당신도 기억할까. 마른 무화과 같은 얼굴 위로 슬쩍 번지던 미소, 그런 날이면 대단히 칭찬받은 일을 한 것처럼 입꼬리와 발가락 끝에 잔뜩 힘주고 걸을 수 있었다고 내 말했던 가요. 오늘은 죽 많이 드셨어, 횡단보도 신호를 기다리며 엄마에게 싱글대던 그때의 나는 많이 아프고 예뻤겠지. 젖고 마르고 젖고 마르고, 그 시간을 다 더하면 나일 것 같다.

출근하며 한 번, 퇴근하고 한 번. 자취방을 요양병원 맞은편으로 옮기고 난 후부터 우리는 더 자주 만났다. 아이스크림과 호떡, 붕어빵을, 어느 날은 눈 비비며 새벽부터 볶은 다진 고기소를 품에 안고 엘리베이터를 기다리며 나를 고대하는 할머니가 저 위에 있다. 할머니는 만져진다. 숨을 쉰다. 그 말을 주문처럼 외며 애써 울음 떨치던, 그러면서도 마음은 늘 좁아들 만큼 좁아서 바닥에 눌어붙은 시커먼 딸기잼 같았던 몇 년.

아직 벌어지지 않은 일을 극도로 몰입해 상상하며 어떻게 해도 회복되지 않을 피로감을 안고 살았던, 더불어 기이할 정도로 에너지 넘쳤던 그 시절이 그래서 불행했냐 묻는다면 그렇지도 않았다고. 그때만큼 삶과 사랑에 성실했던 적이 없었노라 답하겠다.

허옇고 쭈글한 머리통, 나무뿌리 같은 발등이라도 만져 볼 수 있었던 혹독한 기쁨의 순간들. 딸, 당신이 딸이라 부르는 나를 위해 하루씩만 더 살아 줘요. 내 이름은, 할아버지 이름은, 시골집 전화번호는, 요양병원 갈 때마다 왜 그런 걸 묻고 또 물었을까.

멀리 가게 되더라도 우리를 잊으면 안 돼. 똑똑한 할머니는 지금도 내 꿈속으로 잘 찾아온다.

11월 '그래도'로 시작하는 몇 개의 문장

소풍 날 아침 거실 구석에 앉아 들기름향 진동하는 김밥을 말아 주던 손, 봄이면 콩고물 묻힌 쑥떡을 툭툭 썰어 주던 손, 가을볕에 고추와 도토리를 널고 표고버섯을 말리던 손. 저 년 잡아요! 책가방에 몰래 넣은 막대사탕을 들킨 날 부지깽이를 들고 쫓아올 때는 귀신 같았지만.

가운데 갈치 토막처럼 곡진한 사랑. 그해 여름 아직 온기가 남아 있는 그 손을 마지막으로 잡고 속울음 삼키며 했던 말은, 할매 평생에 걸쳐 나를 사랑해 주고 자랑해 줘서 고마웠어. 엄마처럼 아름답고 기백 있는 사람을 낳아 주어서도 고마웠어.

나는 사는 게 시시했다가 씩씩했다가 그래. 할매 없는 세상은 조금 허약하지만 딸 내 딸이에요. 마른풀처럼 처연하게 누워 있던 당신이 내 이름을 부르며 조명을 켜던 순간을 떠올리면, 의심할 바 없이 내 것이었던 그 사랑을 떠올리면 두 눈 가득 빛이 들이차요. 내 손에 쥐여진 이 생이 나만의 것이 아님을. 그러니 살자, 그래요.

바람이 꼭 파도처럼 부는 날이에요. 내게 무슨 말을 하려는지 쉬지 않고 창문을 두드리지만 못 들은 척하고 있어요. 불 하나 없이 그저 커튼 사이로 희미하게 들어오는 빛이 다인 걸요.

어둑한 거실에 오래된 유물 같은 표정으로 누워 바람의 일을 상상합니다. 가장 거친 풀도 눕혀 버리겠다는 단호한 음성은 두려우면서도 설레지요. 용기 없는 나를 대신해 무얼 해 줄 건가요. 해는 커튼 놀이를 좋아하고 햇살에 속아 외투를 걸치지 않고 나선다면 뜨거운 작두콩 찬들 소용없어요. 다 읽지 못한 책을 도서관에 반납하고 한살림에 들러 보름달처럼 둥근 배와 팥 찐빵을 안고 나오다 텅 빈 하늘 수놓은 철새 무리를 좇을 때, 문득 생을 실감합니다.

가을은 재킷의 안감 같은 계절, 내 앙탈을 쓰다듬어 주고 이리저리 쓸리지 않게 보호해 줘요. 이토록 아름다운 십일월 무기력한 다람쥐는 되고 싶지 않아 시크릿 정원에서 꽃을 만지고 비단에 그린 작약과 고양이를 감상하고 테디베어 닮은 레몬빛 겹 해바라기를 나눠요. 부지런히 가을 조각을 수집합니다.

최승자 시인의 산문집 『한 게으른 시인의 이야기』 중 '일중이 아저씨 생각'은 하도 읽어 이제는 거의 외워요. '죽음은 어디로든 우리를 찾아올 수 있고 어디로든 우리를 불러낼 수 있다는 것을' 문장 앞에 멈춰 이따금 초를 켜 둡니다.

어제는 아파트 앞 사거리에서 으깨진 비둘기와 고양이를 보았어요. 내 가을의 온도가 높아 문 앞에 세워 둔 죽음을 자꾸 잊어버립니다. 그러나 이 계절 한껏 목젖이 부푸는 것이, 그 잊음이 어찌 내 탓일까요. 감사 기도가 피노키오 코처럼 기다래지는 날들입니다.

낡은 거실 한편 수납장 위에는 반려 물건들이 조르륵 앉아 있어요. 어떻게 살고 싶으니, 누군가 묻는다면 귀여운 사람과 기물, 기분을 가차이에 두고요.

아슬아슬하게 쌓여 있는 책탑, 블로마의 오리나무 트레이, 아라비아핀란드 빈티지 에그컵에 흐르는 엄지손가락만 한 밀랍초, 런던 여행 중 셜록홈스박물관에서 데려온 세라믹 하우스와 사랑해 마지않는 손정민 작가의 그림 포스터까지, 추억과 애정이 뒤섞인 물건들에게 오늘도 말합니다. 연못같이 낡고 고요한 이 집에서 우리 오래오래 함께 살자.

요즘 까딱하면 홍시네. 엄마가 밭에서 수확해 보낸 대봉감의 낯빛을 확인하고 요리조리 볼을 조몰락거리며 여문 것 있나 살피는 아침이 어김없이 시작되었다. 몰랑몰랑 잘 익은 홍시 한 알을 그릇에 담아 테이블 위에 올려놓고 빤히 본다.

엄마의 감, 이라는 단어가 언제까지 유효할까. 나에게 가지 튼실한 사이프러스 한 그루 있다면 이 묵직하고 둥근 팽이감을 오너먼트처럼 달아 크리스마스 트리를 장식할 텐데. 겨우내 엄마의 사랑을 주렁주렁 걸어 두면 아늑하고 애틋하겠지. 긴긴밤 홍시 한 알, 두 알, 따 먹다 보면 어느새 포근한 계절을 마주하는 상상을 한다. 늦은 오후에도, 잠들기 전 입이 심심해도 홍시를 찾는다. 이렇게 홍청거리는데도 아직 두 박스나 남았다니 흐뭇한 일이다.

그러다 홍시를 담은 볼에 눈길이 가, 오목한 국그릇과 평평한 접시의 중간 크기라 애매하게 허기질 때면 이만한 그릇이 없다. 볼은 몇 해 전 가을 삼청동 한옥에서 빈티지 글라스와 액자 프레임, 리넨 커튼과 물방울 샹들리에를 구경하고 나오며 감고당길 공예마켓에서 구입한 것이다. 우유를 자작하게 부은 시리얼이 좋겠어. 새롭게 사랑하게 된 물건들은 보는 즉시 어떻게 사용해야 할지 그려진다.

분홍과 연둣빛 마블이 은은하게 섞인 볼을 보고 있자니 '변하는 마음이 있어 변치 않는 마음도 알아본다'고 스스로를 토닥이던 그날의 일기가 떠오른다. 물끄러미 홍시 담고 있는 볼을 바라보다가 그때 그랬지 하고 웃었다.

몸 주변으로 찬바람 서리고 달은 조금 일찍 떠오른다. 한가해진 손으로 책상에 앉아 펜을 쥐고 편지를 쓰거나, 어떤 순간을 떠올리며 정리하기 좋은 날들. 한 해의 끄트머리 이룬 것 없다 싶어 괜히 고개 숙여질 때면 '그래도'로 시작하는 몇 개의 문장을 완성한다.

앞으로도 유연하게 자기 위안을 잘하는 사람이 되고 싶어, 나이 들수록 협상가가 된다. 허나 감당할 수 없는 공포와 허무가 목을 조를 때 그것도 내 차지라 껴안을 수 있을까. 여전히 겁 많고 불안하고 자주 자신 없다. 그럴 땐 일단 핑크빛 마블 볼에 엄마 홍시 한 알 담아 입안 가득 우물거려야지.

모락모락 김 나는 알배추찜으로 간단하게 요기를 하고 작두콩과 옥수수, 말린 돼지감자를 넣어 차를 끓인다. 구수하고 따뜻한 온기가 거실을 채워, 물이 끓어오르고 수색이 변하는 순간을 지켜보다 보면 곰보 자국 가득한 미운 마음도 잠시 가라앉는다.

    그러다 불쑥 즐겁게, 내게 그것이 있지. 두 손으로 받쳐 들어야 할 만큼 묵직한 사랑. 곶감 박스를 열었다. 짙은 주황빛, 계절의 빛깔, 다디단 시간의 결정. 막 끓인 차와 맛보려고 제일 예쁘장한 아이는 도자기 접시에 옮겨 담았다. 일일이 붙잡고 껍질 깎아 말린 이 귀한 곶감을 매년 받아먹는다니 이런 순간은 매번 감격스럽다. 샤워하기 전 꺼내 놓으면 나왔을 때 먹기 좋을 만큼 녹아 있을 거야. 냉동실에 곶감을 채우며 금산 숲집의 고마운 그녀를 떠올린다.

    홍시를 나누어 드리겠다 말하곤 그쪽으로 영 갈 일이 없어 미루길 몇 주, 하루가 다르게 익어 가는 감을 보니 겁이 나 급히 대봉감을 담았다. 손님 테이블에 장식하시라고 꽈리 열매도 챙겼는데 좋아하실까. 대단치 않지만 계절의 아름다움을 나누며 살고 싶다.

다녀와서는 부러 큰길 놔두고 양옥집 사이사이 골목을 걸어 산책 겸 근처 새로 생긴 마트로 향한다. 초록 대문집 흰 수염 백구는 겁이 어찌나 많은지 낯선 사람과 눈이 마주치는 즉시 천둥처럼 짖는 것을 이제는 알아, 그쯤 지날 때는 아예 고개를 반대편으로 휙 돌리고 걷는다. 떨리고 미안한 마음으로 두근두근 골목을 지나는 것도 이 짧은 산책길의 묘미라면 묘미. 수북이 쌓여 있는 가랑잎을 부러 밟으며 걷는 길, 집에 돌아오니 옷소매에서 마른풀 냄새가 났다.

지금 일하고 있어 스피커폰이야 딸, 그건 조금 더 친절해도 좋다는 말. 그러면 나는 미지근한 우유 같은 목소리로 적당히 상냥한 딸 흉내를 내며 내년 엄마 농원에 심을 복주머니꽃 씨앗을 좀 구해 볼까 하는데 어때?

할머니 엄지발톱처럼 마른 비누로 손을 씻고 저녁 식사를 준비하는 오후 여섯 시. 도마 헹구다 말고 간신히 쥐고 있던 용기를 또 놓아 버렸다. 계속 쓰는 것이 맞을까. 잘 살아야 잘 쓸 수 있다는 당신 말 앞에서는 매번 입이 튀어나와. 해바라기가 동그란 얼굴 다 피고 이쪽 본다. 그까짓 거 수틀리면 하지 말아요. 그러면 당신 편해질까요.

몹쓸 병으로 분신 같던 남편을 잃었다. 세상천지에 너 혼자야. 지나가던 바람이 새들이 수근거리는 아침. 완전히 회복되지 못할 것 같은 기분을 느꼈을까. 낡은 신발 사이로 훤히 드러난 엄지발가락을 창피하다 여길 틈도 없었겠지. 잊혀진 사람들은 애쓰지 않는다. 신도 깜박한 이들에게 그쯤은 특별한 생김새가 아니므로.

 새 신 하나 사 줄까. 아니야 됐다. 구멍난 신발을 이제 막 도착한 생의 무게만큼 끌며 혼자이자 셋이 된 여동생에게 내뱉은 말은 무표정에 가까웠다. 슬픔이 찾아오면 주먹을 꽉 쥐고 앞에 서기를 기다려.

 풋눈이 조금 내렸다. 마음을 아끼지 말아야겠다.

: 작가의 말

"아야, 가겟방에 가서 먹고 싶은 과자가 있으면 다 골라 오렴" 가족신문상이든 백일장이든 그저 상장을 내밀면 할머니는 흥그러운 목소리로 해들해들 웃으며 그렇게 말하곤 했습니다. 타고난 여장부, 무뚝뚝한 시골 양반이 할 수 있던 최고의 칭찬이었겠지요. 살아가는 동안 나의 행복에 촘촘히 연루되어 있던 사람. 그 시절, 위험하고 뒤숭숭한 순간들이 많았지만 할머니의 그 표정을 볼 때마다 마음은 옥춘사탕처럼 알록달록, 환희로 가득 찼어요. 가끔 그런 생각을 합니다. 할머니에게 그 어떤 상장보다 의미 있는 이 글들을 보여준다면, 당신은 내게 무어라 말해주었을까. 우리는 그 시절을 두고 이 글을 겪으며 어떤 대화를 나누었을까요.

〈불안을 섬기는 세계에서는 확인까지가 사랑이라〉라는 제목으로 작년 가을 출간되어 많이 사랑받았던 글들을 수정, 보태어 〈크리스마스처럼〉이라는 새 제목으로 다시 한번 기쁘게 선보입니다.

책 내요, 우리. 책 냅시다. 피아노 흰건반처럼 가지런한 미소의 편집자 님이 그 말을 건네주신 십이월 상상헌의 풍경이, 공기가 지금도 전부 기억나요. 희정 님, 이 간솔하고 헐렁한 글 뭉치가 책이 될 수 있다고 무릎써 주심에 다시 한번 고맙습니다.

북아현동의 상상헌은 이름 그대로 꿈꾸는 사람들의 집이자 상상을 현실로 만들어 가는 공간입니다. 이곳에서는 솔깃할 만한 전시와 북토크, 클래스가 진행되는데요. 생활 예술인 안나 님께 꾸준히 의지하며 저 또한 채소 한 접시, 영어 원서 북클럽 같은 프로그램에 참여했었지요. 십이월로 기억합니다. 지이 님께 드리고 싶어요, 문화다방의 책 만들기 마지막 수업 날 상상헌에서 한아름 안겨 주신 생화를 찰랑찰랑 품에 안고 올 적에 많이 뭉클했어요. 이 글들을 다 어찌 보아 주실까, 걱정과 기대로 하루를 다 써 버리는 날이면 '책의 운명이라는 게 있다'던 안나 님 말에 꼬박꼬박 의지했음을 고백합니다.

'사라져 간 것들에게서 익숙해지기까지는 신중하게 배열되고 조합된 감정이 필요합니다'* 대부분의 글은 '사라져 간 것들에' 추도사를 바치는 기분으로 기록되었습니다. 책은 제 운명

---

* 이제니, 『그리하여 흘러 쓴 것들』 中 '네 자신을 걸어 둔 곳이 너의 집이다', 문학과지성사

을 따라 여행을 떠나겠지요. 그리움이 우러난 어떤 장면 앞에서는 멈춰 연연해 주기를, 바라 봅니다. 살아 있는 내내 그리워하려면 튼튼해야 하니 내내 그대의 건강과 명랑을 빌며 저는 붉고 커다란 벨벳 리본을 묶어 보낼게요.

2025년 가을
박지이

: 편집자의 말

 이 책은 작가이자 편집자인 문희정이 꾸려가고 있는 소규모 1인 출판사 문화다방에서 만들었습니다. 섬세한 유리 조각 같은 글을 쓰는 여인이 글쓰기 수업을 듣기에 가르치기보단 만들고 싶어졌어요. 더 좋은 출판사에서 만들었다면 유명해질 수 있을 텐데 미안합니다. 그래도 박지이 작가님께 출간 작가 목걸이를 처음으로 걸어 주는 사람은 제가 되고 싶었어요. 보도자료를 쓰는 내내 이건 책 소개가 아닌 절절한 러브 레터가 될 거라는 걸 미리 고백합니다.

 '크리스마스처럼'이라는 가제로 주고받던 원고는 〈불안을 섬기는 세계에서는 확인까지가 사랑이라〉는 이름을 달고 먼저 세상에 나왔습니다. 사랑스러운 고양이 두 마리가 홍차 잔을 들고 나란히 앉아 있는 다정한 모습으로요. 책은 무척 큰 사랑을 받았고 고맙게도 한 살 생일이 되기 전 중쇄를 찍게 되었습니다. 그런데 욕심을 좀 부렸습니다. 새 옷을 입혀 다시 성대한 생일잔치를 열어 주고 싶었어요. 그만큼 이 글을 아낀답니다. 편집자가 작가의 글을 열렬히 사랑하면 책을 이렇게 만들기도 하네요.

 책을 만드는 모든 과정에 온 마음과 제 알량한 재산을 쏟고 있습니다. 유명하지 않은 출판사가 마찬가지로 유명인이 아닌 저자와 함께 망하지 않을 수 있었던 건, 독자들이 어딘가에 올려 주신 사진과 영상, 리뷰 덕분이었어요. 지난 11년 동안 무료로 책을 제공하는 일 없이, 서평단 없이, 광고 홍보비 없이 오로지 책만 생각할 수 있었던 건 모두 독자님들 덕분입니다.

 책의 수명은 출간 시기부터 한 달이라는 출판계의 생리를 이해하고 싶지 않습니다. 출간 시기와 관계없이 오래 옆에 두고 싶은 책을 만들고 있어요. '슬픔을 살피는' 작가님의 글에서 '가여운 행복의 흔적들'을 발견하셨길 바랍니다. '담요의 온도를 빌린 눈빛으로' 읽어 주세요. 감사합니다.

크리스마스를 기다리며
문희정